LA VIE PRIVÉE

D'AUTREFOIS

Ce volume a été déposé au ministère de l'intérieur (section de la librairie) en avril 1889.

LA VIE PRIVÉE D'AUTREFOIS

VOLUMES PARUS :

PARIS. — TYP. DE E. PLON, NOURRIT ET Cie, RUE GARANCIÈRE, 8.

LA VIE PRIVÉE

D'AUTREFOIS

ARTS ET MÉTIERS

MODES, MŒURS, USAGES DES PARISIENS

DU XIIe AU XVIIIe SIÈCLE

D'APRÈS DES DOCUMENTS ORIGINAUX OU INÉDITS

PAR

ALFRED FRANKLIN

LES REPAS

PARIS

LIBRAIRIE PLON

E. PLON, NOURRIT et Cie, IMPRIMEURS-ÉDITEURS

RUE GARANCIÈRE, 10

—

1889

TABLE DES SOMMAIRES

CHAPITRE PREMIER
SERVICE DES METS

CHAPITRE II
SERVICE DES BOISSONS

CHAPITRE III

LA CIVILITÉ DE LA TABLE

XVIIIe SIÈCLE.

VIE PRIVÉE D'AUTREFOIS

LES REPAS

LA CIVILITÉ DE LA TABLE

Depuis la création du monde jusqu'au dix-septième siècle, l'homme mangea avec ses doigts. Voilà le grand fait qui domine toute l'histoire des repas et celle de la civilité de la table.

Dans la Rome polie de César, quand Lucullus donnait un de ces festins dont la magnificence est devenue proverbiale, les convives trouvaient tout naturel de mettre la main au plat, et d'y puiser les morceaux découpés d'avance, qu'ils déchiraient ensuite avec les dents.

A la cour brillante de François Ier et

de Henri II, sous Louis XIII et même sous Louis XIV, on n'en agissait pas autrement.

Toutefois, il y avait des lois à l'usage de la bonne société. Les vilains seuls empoignaient leur viande à pleine main ; les raffinés devaient la prendre avec trois doigts, et ne pas les promener trop longtemps dans le plat pour y faire leur choix.

Le mobilier de la salle à manger, le linge de table, la vaisselle, les détails du service varièrent peu jusque vers le milieu du seizième siècle. Mais alors commence une ère nouvelle. Sur le trône, siège gaiement le chef de l'abominable dynastie des derniers Valois. Ils seront cinq : un enfant, un sot, et trois sires qui réuniront en eux tous les vices, toutes les hontes, tous les crimes, même ceux que nos lois n'ont pas osé nommer, n'ont pas voulu prévoir. Et à l'abri d'une si auguste égide, la France renaît. Au-dessus du moyen âge qui s'enfonce dans l'ombre, se lève l'aurore des temps nouveaux. La pensée aspire à l'indépendance ; les lettres, les arts, les mœurs se transforment et s'épurent..., et la fourchette apparaît.

Innovation, très mal reçue d'abord, que tentent de mettre à la mode quelques galants jouant les délicats, quelques mignons, amis

équivoques de Henri III, quelques petits-maîtres en quête d'originalité. Et les moralistes
de l'époque maltraitent fort ces dégoûtés, qui
se servent si maladroitement d'un ustensile si
ridicule.

Non sans peine, les novateurs finirent par
l'emporter, et l'adoption de ce petit instrument fourchu coïncida avec de réels progrès
introduits dans l'art culinaire. Mais j'ai dit
ailleurs comment se faisait la cuisine ; je ne
m'occuperai donc ici que de la manière dont
on la mangeait, ce qui est un art aussi, un art
reposant sur des règles sévères, et qui a eu
des maîtres bien agréables à lire, ainsi qu'on
le verra plus loin.

Comment a diſner ilz furent moult honnourablemēt ſeruiz.

UN REPAS AU QUINZIÈME SIÈCLE

D'après *La Mélusine* de Jean d'Arras, in-4°, s. d.

CHAPITRE PREMIER

SERVICE DES METS.

De nos jours, une cloche mise en mouvenent par la cuisinière ou le maître d'hôtel lonne le signal des repas. Le moyen âge eût rouvé ce procédé vulgaire et mesquin. Une onnerie de cors jetée au vent et fouillant tout e domaine prévenait petits et grands, vassaux t hôtes, que le châtelain allait se mettre à able. Mais tout gentilhomme n'avait pas le lroit d'agir ainsi. Froissart, voulant donner ine idée de l'autorité que s'arrogeait Arteveld, :hef des Gantois révoltés, dit que « par ses menestres [1], il faisoit sonner et corner devant son hostel ses disners et souppers [2]. » C'est ce que l'on appelait *corner l'eau,* parce que, avant de rien prendre, les convives se lavaient les mains. Au dix-septième siècle, le tintement de la cloche avait depuis longtemps remplacé le son du cor. Scarron, racontant le repas offert par Énée à Didon, débute ainsi :

> L'heure du souper étant proche,
> Tout le monde, au son d'une cloche,
> Dans une salle se trouva.
> Ænée avec Didon lava [3].

Barthélemy de Glanville résume ainsi les devoirs qui incombaient à un amphitryon au milieu du quatorzième siècle [4] :

On dresse les sièges, les tables et les dressouers, et les pare l'en dedens la sale comme il appartient. Après, on assiet les hostes au chef de la table, avecques le seigneur de l'ostel, et ne s'assieent point jusques à tant qu'ils aient lavé leurs mains. Après, on assiet la dame et les filles, et la famille, chacun selon son estat. On met les salières, les cousteaulx, et les culliers premièrement à table, et puis le pain.

---

[1] Ménétriers.

[2] Édit. Kervyn, t. XI, p. 51.—Voy. aussi édit. Buchon, t. III, p. 526.

[3] *Virgile travesty,* édit. de 1690, liv. I, p. 76.

[4] *De proprietate rerum,* traduit en français, par Jean Corbechon. Je cite le manuscrit de la bibliothèque Mazarine nº 1273, à la page 723.

Et après, les viandes de diverses manières sont apportées, et servent les serviteurs à grant diligence ; et ceulx qui sont à table parlent l'un à l'autre, en eulx efforçant joïeusement. Puis viennent les menestrelz à tous leurs instrumens, pour esbaudir la compaignie; et adonc, on renouvelle vins et viandes, et à la fin on apporte le fruit. Et quant le disner est accompli, on oste les napes et le relief, et abat-on les tables quant on a lavé. Et puis on rend grâces à Dieu et à son hoste.

On voit que le maître de la maison s'asseyait avec ses hôtes « au chef de la table. » Sa femme, puis le reste de la famille, s'installaient ensuite, en tenant compte de la position et de l'âge. Comme aujourd'hui, on disposait les convives par couples, et il était d'autant plus nécessaire d'associer ainsi des personnes heureuses de se trouver ensemble qu'elles n'avaient souvent pour elles deux qu'une seule écuelle.

La désignation des places à table ne perdit rien de son importance aux siècles suivants. Les meilleures places et les meilleurs sièges continuèrent d'être réservés aux personnages que l'on voulait le plus honorer. Régnier a soin de nous en avertir dans sa dixième satire :

Sur ce point on se lave, et chacun en son rang
Se met sur une chaise ou s'assied sur un banc,
Suivant ou son mérite ou sa charge ou sa race.

Guillaume de Rebreviettes, dans un curieux roman publié en 1611, nous montre aussi des convives prêts à prendre leur part d'un somptueux festin : « Madame, dit-il, s'alla seoir au bout de la table, dans une chaire de veloux bleu à franges d'or, et puis les dames et gentils-hommes prindrent chacun leurs places selon leurs qualitez [1]. »

Tout cela ne nous apprend pas quel endroit de la table était attribué à l'amphitryon et à ses hôtes les plus illustres. Ils en occupaient le *haut bout,* soit; mais où se trouvait cette place d'honneur? Une pièce du seizième siècle déclare que « *le haut bout* étoit le lieu le plus apparent du costé droict, et *le plus commun* à main droicte sous la cheminée [2], » définition qui ne brille pas par la clarté. Pierre David écrit en 1659 que « le haut bout de la table se prend ordinairement du costé des fenestres les plus esloignées de la porte, du costé de la cheminée [3]. » On peut, je crois, conclure de ces indications énigmatiques, que la place d'honneur n'était pas fixe, qu'elle variait

---

[1] *Les erres de Philaret,* 1re partie, p. 54.
[2] Crespin, *L'œconomie ou le vray advis pour se faire bien servir;* dans Éd. Fournier, *Variétés,* t. X, p. 20.
[3] *Le maistre d'hostel,* p. 10.

suivant la disposition de la salle à manger.

Quand le roi et la reine assistaient à un festin, ils occupaient tantôt le milieu de la table, tantôt seuls un des petits côtés. En juin 1559, Élisabeth, fille de Henri II, épousa Philippe II par procuration. Au repas qui précéda son départ pour l'Espagne, le roi et la reine étaient placés auprès l'un de l'autre au milieu de la table [1]. Ils trônaient seuls à l'une des extrémités pendant le festin qui fut organisé en 1680, à l'occasion du mariage de mademoiselle de Blois [2]; ce jour-là, les convives étaient au nombre de soixante-trois, et la table avait cinquante-quatre pieds de long sur six et demi de large [3].

A un grand dîner que donna en 1698 Monsieur à milord Portland, ambassadeur d'Angleterre, la table avait encore la forme d'un carré long, et pourtant Monsieur occupa « le milieu de la table du grand côté. » Il avait à sa droite le duc de Chartres, suivi de lord Portland, et à sa gauche madame de Montauban, suivie du fils de l'ambassadeur [4].

[1] Duc de Guise, *Mémoires,* édit. Michaud, t. VI, p. 443.

[2] Fille de Louis XIV et de mademoiselle de La Vallière.

[3] *Mercure galant,* janvier 1680, p. 65.

[4] *Mercure galant,* avril 1698, p. 259.

Enfin, lors du mariage de Marie-Antoinette, le festin qui lui fut offert à Versailles réunit vingt-deux convives, et le roi siégea seul à l'un des bouts de la table, qui était ainsi composée :

Le Roi.

Mgr le Dauphin.	Madame la Dauphine.
Mgr le comte de Provence.	Mgr le comte d'Artois.
Madame.	Madame Adélaïde.
Madame Victoire.	Madame Sophie.
M. le duc d'Orléans.	M. le duc de Chartres.
Madame la duchesse de Chartres.	M. le prince de Condé.
M. le duc de Bourbon.	Madame la duchesse de Bourbon.
M. le comte de Clermont.	Madame la princesse de Conti.
M. le prince de Conti.	
Madame la comtesse de La Marche.	M. le comte de La Marche.
Madame la princesse de Lamballe.	M. le duc de Penthièvre[1].

L'année suivante (1771), le comte de Provence, frère du roi, épousa la princesse de Savoie, et les places à table furent ainsi disposées :

[1] *Description de tout ce qui a été fait à l'occasion du mariage*, etc. Bibliothèque Mazarine, manuscrit n° 2937, f° 185.

Le Roi.

Mgr le Dauphin.

Mgr le comte de Provence.

Mgr le comte d'Artois.

Madame Adélaïde.

Madame Sophie.

Madame la duchesse de Bourbon.

Madame la comtesse de La Marche.

M. le duc de Penthièvre.

Madame la Dauphine.

Madame la comtesse de Provence.

Madame.

Madame Victoire.

Madame la duchesse de Chartres.

M. le comte de La Marche.

M. le comte d'Eu.

Madame la princesse de Lamballe[1].

En dehors des repas officiels, et surtout à dater du dix-huitième siècle, l'étiquette sur ce point fut beaucoup moins sévère qu'elle ne l'est aujourd'hui, même dans la bourgeoisie. Par le fait de leur présence à la même table, une égalité réelle s'établissait entre tous les convives, et un maître de maison eût rougi d'imposer à une des personnes priées par lui les petites mortifications qui attendent de nos jours tout invité d'humble condition. Une femme mêlée à la plus haute société de son temps, la comtesse de Genlis, s'exprimait ainsi en 1818 :

[1] *Description de ce qui s'est passé à l'occasion du mariage*, etc. Bibliothèque Mazarine, manuscrit n° 2938, fo 97.

Le grand seigneur qui invitoit à un grand souper
la femme d'un fermier général et celle d'un duc et
pair, les traitoit avec les mêmes égards, le même
respect. La financière établie dans le cercle n'auroit
point cédé sa place à la duchesse. Lorsqu'on alloit
se mettre à table, le maître de la maison ne s'élan-
çoit point vers *la personne la plus considérable* pour
l'entraîner du fond de la chambre, la faire passer
en triomphe devant toutes les autres femmes, et la
placer avec pompe à table à côté de lui. Les autres
hommes ne se précipitoient point pour *donner la
main aux dames.* Cet usage ne se pratiquoit alors
que dans les villes de province. Les femmes d'abord
sortoient toutes du salon, celles qui étoient le plus
près de la porte passoient les premières; elles se
faisoient entre elles quelques petits complimens,
mais très-courts, et qui ne retardoient nullement la
marche. Tout cela se faisoit sans embarras, avec
calme, sans empressement et sans lenteur; les
hommes passoient ensuite. Tout le monde arrivé
dans la salle à manger, on se plaçoit à son gré, et
le maître et la maîtresse de la maison trouvoient
facilement le moyen d'engager les quatre femmes
les plus distinguées de l'assemblée à se mettre à
côté d'eux. Communément, cet arrangement, ainsi
que presque tous les autres, avoit été décidé en particulier dans le salon[1].

L'amphitryon devait aussi avoir réglé ses
invitations de manière qu'on ne se trouvât

[1] *Dictionnaire des étiquettes,* t. II, p. 327.

pas treize à table. En souvenir de la *Cène*, repas de treize personnes, où Judas, l'une d'elles, trahit son maître, c'était parole d'Évangile qu'en semblable circonstance un des invités au moins mourait dans l'année. Louis XV, s'apercevant un jour que douze personnes étaient assises à sa table, se montra de fort méchante humeur, mais continua son repas[1]. Grimod de la Reynière se souciait peu des sinistres présages du nombre treize; il ne redoutait même pas le malheur inévitable qu'annonce une salière renversée. « Le nombre treize, écrivait-il, n'est à craindre qu'autant qu'il n'y aurait à manger que pour douze. Quant à la salière, l'essentiel est qu'elle ne se répande pas dans un bon plat. »

Avant de toucher à aucun mets, les convives se lavaient les mains, et l'on verra plus loin que ce n'était pas là une précaution inutile. Un chambellan, un échanson, des écuyers ou des pages, la serviette sur l'épaule, s'approchaient de la table. Ils tenaient de la main gauche un bassin, de la droite une aiguière ou un second bassin muni d'un goulot ou *biberon,* et ils versaient sur les doigts de chaque per-

---

[1] Duc de Luynes, *Mémoires,* t. II, p. 214.

sonne une eau aromatisée dont le *Ménagier de
Paris* [1] (quatorzième siècle) nous a transmis
la recette en ces termes : « Mettez bouillir de
la sauge, puis coulez l'eaue, et faites refroidir
jusques à plus que tiède. Ou vous mettez
comme dessus [2] camomille ou marjolaine ; ou
vous mettez du romarin : et cuire avec l'es-
corce d'orenge. Et aussi fueilles de lorier y
sont bonnes. »

Cette coutume, comme toutes celles qui
intéressent la propreté, fut au seizième siècle
fort négligée, et classée parmi les exigences
de l'étiquette applicables seulement aux repas
de cérémonie. Mais, dans ces circonstances,
elle s'observait même à la table des domestiques [3], et si l'eau y manquait, on n'hésitait
pas à se servir de vin [4]. Le liquide employé
pour les convives était tiédi [5], et Platina, qui
lui consacre tout un chapitre [6], recommande

---

[1] « Pour faire eaue à laver mains sur table. » T. II,
p. 247.

[2] C'est-à-dire : Vous pouvez aussi mettre au lieu de
sauge.

[3] Artus d'Embry, *Description de l'isle des hermaphrodites*, p. 112.

[4] *Civilité de J. Sulpice*, trad. par G. Durand, p. 33.

[5] *Histoire du petit Jehan de Saintré*, p. 219.

[6] *De honesta voluptate* (fin du quinzième siècle), traduct.
Christol, p. 101.

aux maîtresses de maison les eaux de fleurs d'oranger, de myrte, de rose, d'aspic, de serpolet, de lavande et de romarin. « Communément, dit-il, quand il y a des gens de bien conviés, il est bien honneste et céant d'avoir quelque bonne eaue odorante. » Le plus souvent, elle était parfumée soit avec des roses [1], soit avec de l'iris [2].

Aussitôt que madame Iceosine fut entrée dans la salle, raconte G. de Rebreviettes, « trois damoiselles se vinrent présenter devant elle pour lui donner à laver ; l'une portoit un bassin d'or, l'autre une esguière de mesme métal, et la troisiesme une toile damassée pour lui essuyer les mains [3]. »

A la cour de Louis XIV, on se bornait, même quand le roi mangeait *au grand couvert,* à présenter au souverain une serviette mouillée sur laquelle il posait les doigts [4]. Mais à la ville, l'ancien cérémonial fut encore observé pendant bien longtemps. Un manuel de civilité imprimé en 1749 enseigne ainsi la manière

---

[1] G. de Rebreviettes, p. 71.
[2] Artus d'Embry, p. 111.
[3] *Les erres de Philaret,* p. 54.
[4] Trabouillet, *État de la France pour* 1712, t. I, p. 74, 78, 96 et 97.

dont un enfant devait s'y prendre pour offrir
à laver : « Vous présenterez à laver les mains
en élevant un peu l'éguière avec cérémonie,
ayant la serviette ployée en long sur l'épaule
gauche et tenant le bassin par dessous, s'il
n'est posé sur un escabeau ou autre chose semblable [1]. » Chez les petits bourgeois, on n'y
mettait pas tant de façons. Avant de s'asseoir,
chaque convive allait se laver les mains à une
fontaine accrochée au mur dans un coin de la
salle [2].

Lorsqu'on réunissait des convives d'inégale
qualité, l'ordre dans lequel s'offrait l'aiguière
était réglé par le cérémonial [3]. « C'est sur les
mains de la personne la plus considérable de
la compagnie qu'il faut commencer à verser de
l'eau ; il faut ensuite en verser sur les mains
des autres, selon leur rang et leur qualité, et
quelque fois sans aucun ordre ni distinction
entre elles, ce que l'on doit toujours faire lors-

---

[1] La civilité puérile et honneste, par un missionnaire,
p. 57.

[2] La civilité puérile et honneste, par un missionnaire,
p. 47.

[3] « Madame voult que dampn abbé, comme prélat, lavast
le premier ; mais il ne le voult oncques faire ; il s'en alla
laver au dressouer. » Histoire du petit Jehan de Saintré,
p. 229. — Voy. aussi une curieuse anecdote racontée par
Tallemant des Réaux, t. VI, p. 442.

Dessus Guam.   Le roy artus   Le siege perilleux.   Lancelot du lac.

PETITSS

UN REPAS AU QUINZIÈME SIÈCLE.

D'après *Le roman du roi Artus*, 1488, in-f°.

que les personnes ne sont pas d'une qualité fort distinguée[1]. »

Cette opération, qui se répétait après le repas, avait le mérite de provoquer des attitudes gracieuses dont les artistes ont su tirer parti. On n'en saurait vraiment dire autant du répugnant *rince-bouche*, par lequel nous avons remplacé le bassin et l'aiguière, et l'on peut se figurer le succès qu'obtiendrait un tableau représentant la fin d'un dîner, au moment où chaque convive est en train de rejeter son gargarisme dans le petit vase placé devant lui.

Jusqu'à ce que les hôtes eussent pris place, les mets sur la table restaient couverts, « de sorte qu'elle estoit toute chargée de viandes, sans qu'on sceut ce qu'il y avoit dedans[2]. » Le moyen âge, toujours hanté de la crainte du poison, avait imaginé cette précaution, qui se perpétua pendant plusieurs siècles, et donna naissance à l'expression *mettre le couvert*. Tous les plats servis au cours du repas étaient également apportés couverts.

Avant d'offrir un mets aux convives, on le découvrait, et les serviteurs en *faisaient l'essai*, soit en le goûtant, soit en le touchant avec un

---

[1] J. B. de La Salle, *Les règles de la bienséance*, p. 98.
[2] Artus d'Embry, p. 101.

des nombreux objets regardés comme d'in-
faillibles préservatifs, langue de serpent,
corne de licorne, crapaudine, serpentine,
agate, etc.

Les langues de serpent étaient en réalité
des dents de requin [1]. Plus spécialement employées pour l'essai du sel, elles accompagnaient la salière, à laquelle on les attachait
par une chaînette.

La licorne ou unicorne, symbole de la vir-
ginité, avait horreur de toute impureté, et sa
corne, si dure qu'aucune armure n'était
capable de lui résister [2], suait du sang dès
qu'elle était mise en contact avec un objet
empoisonné. De là, un procédé d'expertise
d'une grande simplicité, et à dégoûter pour
jamais de l'étude de la chimie. Beaucoup de
personnes conservaient sans cesse au fond de
leur verre à boire un fragment de ce talisman
prophylactique. Malheureusement, comme
l'excellent cheval de Roland qui n'avait qu'un
défaut, celui d'être mort, la licorne avait
l'unique défaut de ne pas exister; et, en fin de
compte, le moyen âge accepta comme corne

[1] Ambroise Paré, *OEuvres*, édit. de 1607, p. 1064.
[2] Voy. Richard de Fournival, *Bestiaire d'amour*, édit.
Hippeau, p. 23.

LA LICORNE (monocéros).
D'après H. Ruysch; *Theatrum universale*, 1718, in-f°.

de licorne la dent du narval [1]. L'incomparable corne de licorne que l'on conservait à Saint-Denis [2], et qui n'avait en aucun temps quitté l'abbaye, fut reconnue en 1793 pour une défense de narval. Après tout, narval et licorne pouvaient jouir des mêmes propriétés, et la foi dans leur infaillibilité subsista jusqu'au dix-huitième siècle. Nicolas Lemery, membre de l'Académie des sciences et le plus illustre

[1] Cuvier déclare qu'il n'existe dans la nature d'autre unicorne que le rhinocéros. Il ajoute : « La seule production naturelle que l'on ait donnée jusqu'à présent pour une corne de licorne, c'est la *dent* du narval. Quoique ce cétacé n'en ait ordinairement qu'une, elle est implantée dans l'os intermaxillaire d'un côté, et il y a toujours au moins le germe d'une seconde dans l'autre os intermaxillaire... Les Orientaux attribuent encore aujourd'hui à la corne de rhinocéros toutes les propriétés que le moyen âge attribuait à la corne de licorne. » G. Cuvier, *Notes sur le huitième livre de Pline*, édit. Panckoucke, t. VI, p. 428.

[2] « Dedans de grandes armoires est soigneusement gardée la corne d'une licorne, laquelle a six pieds et demy avec un pouce de hauteur, pièce la plus rare et la plus exquise qui soit en toute l'Europe, voire mesme en tout le reste du monde. » J. Doublet, *Histoire de l'abbaye de Saint-Denys en France*, liv. I, chap. XLIII, p. 320. — « C'est une des rares pièces et peut-estre la plus rare qui soit en Europe. Elle fut envoyée à l'empereur Charlemagne par Aaron, roy de Perse, avec plusieurs riches présens, environ l'an 807. Charles le Chauve, petit-fils de Charlemagne, la donna à l'église Sainct-Denys. » G. Millet, *Le trésor sacré, ou inventaire des reliques et autres précieux joyaux qui se voyent*, etc. Édit. de 1640, p. 134.

chimiste de son temps, écrivait encore dans son *Traité des drogues* : « La corne dite de licorne n'est que celle du narval; elle n'en a pas moins toutes les propriétés que l'on attri- buait à la licorne [1]. »

Il y avait bien quelques incrédules. Bran- tôme entre autres. Il nous raconte l'histoire d'un personnage qu'il ne nomme pas, et qui « vendant un jour une de ses terres pour cin- quante mille escus, il en prit quarante-cinq mille en or et en argent, et pour les cinq res- tans, il prit une corne de licorne. Grande risée pour ceux qui le sceurent. Comme si, disoyent-ils, il n'avoit pas assez de cornes chez soy, sans y adjouter celle-là [2]. » Mais on ne veut pas, et bien à tort, tenir Brantôme pour un écrivain sérieux. On ne contestera pas ce titre au sage et savant Ambroise Paré, qui a aussi combattu avec son bon sens habituel les étonnantes vertus de la licorne.

Parlez aujourd'huy, dit-il, à tous les apoticaires de la France, il n'y a celuy qui ne vous die

---

[1] Édition de 1759, p. 577 et 606.

[2] Brantôme, *Des dames,* édit. Lalanne, t. IX, p. 119. — Ailleurs, Brantôme nous apprend qu'à la prise de Verceil, M. de Brissac eut pour sa part de butin une corne de li- corne mesurant plus de huit pieds de long. *Capitaines fran- çois,* t. IV, p. 105.

et asseure avoir de la licorne, et de la vraye, et quelques fois en assez bonne quantité... Je puis asseurer, après l'avoir esprouvé plusieurs fois, n'avoir jamais cogneu aucun effect en la corne prétenduë de licorne. Quelqu'un me dira que possible la corne n'estoit de vraye licorne. A quoy je respons que celle de Sainct-Denis en France, celle du Roy, que l'on tient en grande estime, et celle des marchands de Paris, qu'ils vendent à grand pris, ne sont doncques pas vrayes cornes de licorne, car ç'a esté de celles-là que j'ay fait espreuve. Et si on ne me veut croire, que l'on vienne à l'essay comme moy, et on cognoistra la vérité contre le mensonge... Il y a une honneste dame, marchande de cornes de licornes en ceste ville[1], demeurant sur le pont au Change, qui en a bonne quantité de grosses et de menuës, de jeunes et de vieilles. Elle en tient tousjours un assez gros morceau attaché à une chaîne d'argent, qui trempe ordinairement en une aiguière pleine d'eau, de la quelle elle donne assez volontiers à tous ceux qui luy en demandent... Je veux bien encore advertir le lecteur quelle opinion avoit de ceste corne de licorne feu Monsieur Chappelain, premier médecin du roy Charles IX, lequel en son vivant estoit grandement estimé entre les gens doctes. Un jour, luy parlant du grand abus qui se commettoit en usant de la corne de licorne, le priay (veu l'authorité qu'il avoit à l'endroit de la personne du Roy, nostre maistre, pour son grand sçavoir et expérience) d'en vouloir oster l'usage, et

[1] Paris.

principalement d'abolir ceste coustume qu'on avoit
de laisser tremper un morceau de licorne dedans la
coupe où le Roy beuvoit, craignant la poison. Il me
fit response que, quant à luy, véritablement il ne
cognoissoit aucune vertu en la corne de licorne,
mais qu'il voyoit l'opinion qu'on avoit d'icelle estre
tant invétérée et enracinée au cerveau des princes
et du peuple, qu'ores qu'il l'eust volontiers ostée,
il croyoit bien que par raison n'en pourroit estre
maistre.

Paré ajoute que la livre d'or fin valait alors
148 écus, et la livre de corne de licorne
1,536 écus [1].

Cent ans après, Pomet, savant apothicaire
du dix-septième siècle, croyait à l'existence de
la licorne, n'osait nier les propriétés qu'on lui
attribuait, mais avouait que le commerce lui
substituait des défenses de narval : « Ce sont,
dit-il, les tronçons de cette corne que nous
vendons à Paris, comme ils se vendent ailleurs,
pour véritable corne de licorne, à laquelle
quelques personnes attribuent de grandes pro-
priétez, ce que je ne veux ny autoriser, ny
contredire, pour ne l'avoir expérimenté [2]. »

---

[1] A. Paré, *OEuvres*, liv. XXI, chap. xL et suiv., p. 806
et suiv.

[2] P. Pomet, *Histoire des drogues*, 2e partie, chap. xxxiii,
p. 78.

Narval

Licorne de Mer

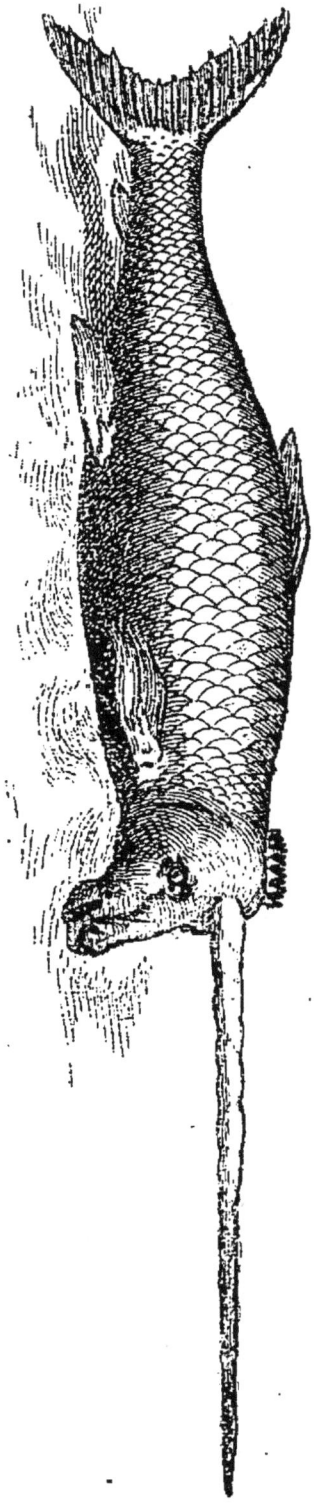

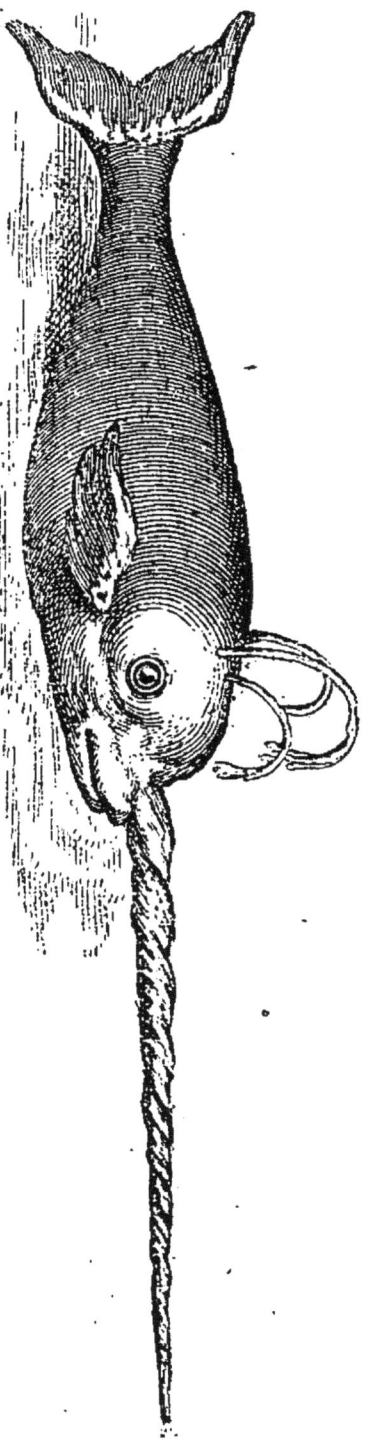

LA LICORNE DE MER ET LE NARVAL.

D'après Pomet, *Histoire des drogues*, 1694, in-f°.

La crapaudine, pierre que l'on supposait extraite de la tête du crapaud, avait des vertus analogues à celles de la corne de licorne. Pomet dit encore à ce sujet : « Il est faux que la crapaudine change de couleur et qu'elle suë quand on l'approche du goblet où il y ait du poison. Quoyque Boot et quelques autres assurent que la crapaudine se trouve dans la terre, je ne voudrois pas néanmoins contester qu'il ne s'en trouve dans la teste des vieux crapaux ; il est certain que celle que nous vendons ne provient point de ces animaux[1]. » Mais, honnête Pomet, pourquoi vendiez-vous de ces pierres, puisque vous ne leur reconnaissiez aucune des vertus qu'on leur attribuait ; et que vendiez-vous sous le nom de crapaudine, puisque vous ignoriez absolument d'où cette pierre pouvait provenir ?

Sous Louis XIV et sous Louis XV, la foi en ces talismans s'était affaiblie, et on ne les employait plus au couvert du souverain. Tous les objets placés sur la table n'en étaient pas moins soumis à l'essai ; même la serviette mouillée que l'on présentait au roi. C'est ce qui s'appelait *faire le prêt*. Le gentilhomme

---

[1] Pomet, *Histoire des drogues*, 3e partie, liv. IV, p. 109.

servant essayait d'abord les ustensiles renfermés dans la nef; il touchait les assiettes, les serviettes, la cuillère, la fourchette, le couteau, les cure-dents avec un petit morceau de pain, que le chef du gobelet devait s'empresser de manger. Pendant le service, les plats, posés successivement sur la *table du prêt*, étaient essayés de la même manière. On touchait chacun d'eux avec deux morceaux de pain, dont l'un était avalé par l'écuyer-bouche et l'autre par le maître d'hôtel. Quand le roi demandait à boire, le chef du gobelet recevait dans une tasse de vermeil un peu de l'eau et du vin contenus dans les carafes, et buvait le tout. On servait ensuite le roi [1].

Napoléon avait conservé l'habitude du lavage des mains avant le repas. Le Grand Chambellan était chargé de mouiller avec une serviette les doigts du souverain [2]. Mais si celui-ci voulait bien passer pour avoir parfois les mains sales, il n'entendait pas qu'on pût le croire capable de craindre le poison; aussi refusa-t-il

[1] Trabouillet, *État de la France pour 1712*, t. I, p. 69 et suiv. — Duc de Luynes, *Mémoires*, décembre 1736 et janvier 1739, t. I, p. 141, et t. II, p. 322.

[2] *Étiquette du palais impérial*, titre V, ch i et ii, art. 8 et 23.

de rétablir l'usage de l'essai. Néanmoins, ses plats étaient toujours apportés couverts, et aussitôt la nappe mise, un maître d'hôtel ne quittait plus la table jusqu'au moment où Sa Majesté y prenait place [1].

La plupart des formalités que je viens d'énumérer ne s'observaient guère que dans la haute société; mais là, tout le monde était tenu de les connaître, et il fallait être bien familier avec l'étiquette pour ne pas commettre d'erreur en matière si délicate. Ainsi, c'était une marque d'infériorité de manger à plats découverts [2] et sans essai préalable avec une personne dont les mets étaient couverts et essayés : « Quand madame la duchesse [3] mangeoit où monsieur le Dauphin estoit, l'on ne la servoit point à couvert, et ne faisoit-on point d'essay devant elle [4]. » Toutes ces nuances étaient prévues par le code du cérémonial et réglées avec un soin minutieux. Il existait une ligne de démarcation très respectée entre les rois, reines, ducs, duchesses, princes et princesses, et les autres

---

[1] *Étiquette du palais impérial*, titre V, ch. iv, art. 41 et 42.

[2] Voy. le *Ménagier de Paris*, t. II, p. 106.

[3] Isabelle de Portugal.

[4] Aliénor de Poitiers, *Les honneurs de la cour*, p. 168.

membres de la noblesse. Ces derniers ne
devaient ni se servir d'une double nappe, ni
laisser porter un bâton de commandement à
leur maître d'hôtel, ni faire l'essai à table.
Il leur était interdit de donner à aucun de
leurs serviteurs les noms de panetier, d'échanson ou d'écuyer tranchant; les gentilshommes
qui les servaient avaient la serviette enroulée
autour du bras, ils outrepassaient leur droit
s'ils la posaient sur l'épaule. Enfin, les femmes
de ce rang ne pouvaient faire porter la queue
de leur robe par des femmes; elles n'avaient
pas de *dames d'honneur,* mais seulement des
dames de compagnie [1].

A la cour [2] et dans les grandes maisons, un
aumônier bénissait la table au commencement
du repas. Dans la bourgeoisie, un ecclésiastique s'il y en avait un parmi les convives, et
à son défaut un enfant en étaient chargés :
« Les plus âgés s'asseyent au beau milieu de
la table, après avoir prié par la bouche d'un
petit enfant [3]. » Tous les assistants prenaient

[1] Aliénor, p. 213 et suiv.
[2] « Il y a huit aumôniers du Roy, deux à chaque quartier. Ils se trouvent au dîner et au souper du Roy, pour y
donner la bénédiction aux viandes et dire Grâces. » Trabouillet, *État de la France pour* 1712, t. I, p. 26.
[3] Noël du Fail, *Contes d'Eutrapel,* édit. elzévir, t. II, p. 165.

part à la prière. L'enfant commençait ainsi : *Benedicite*, et les invités répondaient : *Dominus*. L'enfant continuait : *nos et ea quæ sumus sumpturi benedicat dextera Christi. In nomine Patris et Filii et Spiritus sancti ;* et le mot *Amen* était dit d'une seule voix par les convives[1]. Les Grâces devaient être récitées de même à la fin du repas, mais lorsque celui-ci avait été long et animé, on les oubliait souvent[2].

La prière finie, on commençait à manger la soupe. Je ne dis pas qu'on la servait, car ici se présente une question intéressante, restée jusqu'ici fort obscure, et que j'ai la prétention d'avoir résolue victorieusement.

On verra ailleurs[3] qu'au moyen âge les convives avaient à leur disposition des écuelles, et qu'ils les vidaient, tantôt en les portant à leurs lèvres, tantôt en se servant d'une cuillère. En 1580, Montaigne constate encore avec surprise que, chez les Suisses, « on sert

---

[1] Érasme, *De civilitate morum*, trad. Cl. Hardy, p. 43. — *La civilité puérile et honneste*, par un missionnaire; p. 47.

[2] « Il y a longtemps que le Bénédicité n'est plus en usage que dans les couvens, monastères et pensions ; ailleurs on n'y songe plus. Les Grâces, conséquemment, sont omises. » Mercier, *Tableau de Paris* (1788), t. XII, p. 319.

[3] Dans le volume consacré aux variétés gastronomiques.

tousjours autant de cuillières comme il y a
d'hommes à 'table[1]. » A partir du dix-septième siècle, les écuelles disparaissent peu à
peu, et les assiettes, qui ont remplacé les
tranchoirs[2], ne servent d'abord que pour les
mets solides. Comment donc mangeait-on
les soupes et les mets liquides? Même sous
Louis XIV, même aux festins les plus somptueux, chaque convive. puisait à son tour
dans le plat avec sa cuillère, comme font les
soldats autour de la gamelle. C'est, du moins,
ce qu'il s'agit de démontrer.

Le problème n'est pas abordé par Legrand
d'Aussy, qui a publié sur les repas trois volumes[3] aujourd'hui bien arriérés. Le seul
écrivain qui ait entrepris de l'éclaircir est
M. Paulin Paris. Il résume ainsi son opinion :
« Je ne puis me décider à croire qu'au milieu
du dix-septième siècle, chacun mît à tour de
rôle sa cuiller dans le potage. Il est plus naturel de penser que la différence avec l'usage
d'aujourd'hui, c'est que chacun approchait
son assiette de la soupière et s'en servait soi-

---

[1] *Voyages*, édit. de 1774, p. 30.
[2] Épais morceau de pain bis coupé en rond, et qui tenait
lieu d'assiette.
[3] Publiés en 1782, réimprimés en 1815.

même [1]. » Pourquoi est-il plus naturel de penser cela? M. Paulin Paris ne le dit pas, mais il est facile de le deviner. Le savant commentateur de Tallemant des Réaux laisse parler son imagination au lieu d'étudier les textes. Il compare le passé avec le présent; il lui semble si invraisemblable que les raffinés du siècle de Louis XIV aient mangé comme des sauvages, qu'il est retenu par la crainte d'énoncer une énormité, et qu'en dépit d'honorables scrupules, il ne peut se résoudre à affirmer le fait. Il existait pourtant des documents contemporains assez clairs pour rassurer sa conscience et lever tous ses doutes.

Voici les deux passages de Tallemant qui avaient attiré sur ce point l'attention de M. Paulin Paris :

« A table, il[2] seroit plustost tout un jour à frotter sa cueiller que de touscher le premier au potage[3]. »

Jean d'Aspremont, sieur de Vandy[4] dinait un jour chez le comte de Grandpré[5]. « On

---

[1] Tallemant des Réaux, *Historiettes*, t. IX, p. 395.
[2] L'académicien Gombaud, mort en 1666.
[3] Tallemant des Réaux, t. III, p. 247.
[4] Tué au siège de Brissac, en 1638.
[5] Claude de Joyeuse.

servit devant luy un potage où il n'y avoit que deux pauvres soupes qui couroient l'une après l'autre. Vandy voulut en prendre une, mais comme le plat estoit fort grand, il faillit son coup; il y retourne et ne peut l'attraper. Il se lève de table et appelle son valet de chambre : « Un tel, tire-moy mes bottes. — Que voulez-vous faire? luy dit son voisin. — Souffrez qu'il me débotte, dit froidement Vandy, je me veux jetter à la nage dans ce plat pour attraper cette soupe [1]. »

Il me faut d'abord rappeler que jadis on nommait *soupes* « les tranches de pain destinées à être trempées dans le bouillon du pot [2]. » La *Chronique* dite *de la pucelle d'Orléans* raconte que le jour où Jeanne d'Arc entra à Orléans, « on luy avoit fait appareiller à souper bien et honorablement, mais elle fit seulement mettre du vin en une tasse d'argent où elle mit la moitié d'eau et cinq ou six soupes dedans [3]. » Le mot *soupe* finit par désigner à lui seul toute espèce de potage :

[1] Tallemant des Réaux, t. VI, p. 400.
[2] G. Ménage, *Dictionnaire étymologique*, 1750, t. II, p. 495.
[3] Edit. Godefroy, p. 310.

> Par le potage on commença,
> Æneas donna de la soupe
> Aux plus apparens de la troupe [1].

Mais, dès 1693, un puriste déclarait « cette manière de s'exprimer familière et triviale ; le bel uzage, ajoute-t-il, veut que l'on dise un potage et non une soupe [2]. » L'arrêt prononcé par de Callières était définitif. Quatre-vingts ans plus tard, le *Dictionnaire de Trévoux* a soin de nous en prévenir : « Le mot *soupe* est françois, mais extrêmement bourgeois ; ceux qui parlent bien disent *servir le potage* et non pas *servir la soupe* [3]. »

Je ferme la parenthèse, et je reconnais que l'interprétation de M. Paulin Paris peut se concilier avec les deux citations de Tallemant, mais elle est contredite par les suivantes.

Dans son livre de cuisine intitulé : *Les délices*

---

[1] Scarron, *Virgile travesty*, liv. I, p. 77. — Au livre IV (p. 302, livre publié en 1648), Didon dit impoliment à Énée :

> Et pourtant n'es, pour tout potage,
> Qu'un bourgue-maistre de Carthage.

Vingt ans après (1668), Valère dit à maître Jacques : « Vous n'êtes, pour tout potage, qu'un faquin de cuisinier. » (*L'avare*, acte III, sc. 6.)

[2] De Callières, *Du ton et du mauvais usage dans les manières de s'exprimer, des façons de parler bourgeoises, et en quoy elles sont différentes de celles de la cour*, p. 39.

[3] Édition de 1771, t. VII, p. 802.

de la campagne, Nicolas de Bonnefons, valet de chambre du roi, s'exprime ainsi : « Les assiettes des conviez seront creuses, afin que l'on puisse se représenter du potage ou s'en servir à soy mesme ce que chacun en désirera manger, sans prendre cueillerée à cueillerée dans le plat, à cause du dégoust que l'on peut avoir les uns des autres de la cueiller qui au sortir de la bouche puisera dans le plat. » Il me semble que cette phrase, écrite en 1655 et reproduite dans quatre éditions successives [1], n'offre aucune obscurité, et nous trouverons tout à l'heure la pensée de l'auteur plus clairement exprimée encore.

Vers la fin du siècle, les habitués de l'hôtel de Rambouillet d'abord, puis les courtisans, les petits-maîtres, les grands seigneurs s'insurgèrent contre cette répugnante promiscuité, et mirent à la mode l'usage de prendre du potage en une seule fois chacun à son tour sur son assiette. C'est ce que constate Nicolas de Bonnefons. La huitième édition de la *Civilité* d'Antoine de Courtin, publiée en 1695, blâme l'ancienne coutume et recommande la nou-

---

[1] Édition de 1655, p. 382; de 1665, p. 286; de 1679, p. 305; de 1684, p. 319. — Cette phrase disparaît à dater de l'édition donnée en 1741.

velle : « Il ne faut pas manger le potage au
plat[1], mais en mettre proprement sur son
assiette. Il est nécessaire aussi d'observer qu'il
faut toujours essuyer votre cuillère, quand
après vous en estre servi vous voulez prendre
quelque chose dans un autre plat, y ayant des
gens si délicats qu'ils ne voudroient pas
manger de potage où vous l'auriez mise après
l'avoir portée à la bouche. Aussi sert-on à
présent en bien des lieux des cuillères qui ne
servent que pour prendre du potage et de la
sauce[2]. » Courtin signale ici une innovation
due au duc de Montausier, un original dont
la propreté était regardée comme redoutable
par ses contemporains. Il est vrai que ceux-
ci n'avaient pas l'habitude d'exagérer cette
vertu[3]. Montausier eut donc l'idée de faire
mettre auprès du plat contenant le potage une
grande cuillère destinée à jouer le rôle de
notre louche actuelle[4].

[1] On servait souvent la soupe dans plusieurs plats, afin
qu'elle se trouvât à portée de tous les convives.

[2] *Nouveau traité de la civilité qui se pratique en France
parmi les honnestes gens,* p. 116 et 117.

[3] Voy. dans cette collection : *Les soins de toilette.*

[4] « La propreté de M. de Montausier, qui vivoit avec
une grande splendeur, étoit redoutable à sa table, où il a
été l'inventeur des grandes cuillères et des grandes four-

Le marquis de Coulanges, auteur d'assez plates chansons, résume ainsi les progrès réalisés entre 1640 et 1680 dans le service de la table :

> Jadis le potage on mangeoit
> Dans le plat, sans cérémonie,
> Et sa cuillier on essuyoit
> Souvent sur la poule bouillie.
> Dans la fricassée autrefois
> On saussoit son pain et ses doigts.
>
> Chacun mange présentement
> Son potage sur son assiette ;
> Il faut se servir poliment
> Et de cuillier et de fourchette,
> Et de temps en temps qu'un valet
> Les aille laver au buffet.
>
> Tant qu'on peut il faut éviter
> Sur la nappe de rien répandre,
> Tirer du plat sans hésiter
> Le morceau que l'on y veut prendre,
> Et que votre assiette jamais
> Ne serve pour différens mets.
>
> Très souvent il en faut changer,
> Pour en changer elles sont faites,
> Tout ainsi que pour s'essuyer
> On vous donne des serviettes.
> A table comme ailleurs enfin
> Il faut songer à son prochain [1].

chettes qu'il mit en usage et à la mode. » Saint-Simon, *Notes sur les mémoires de Dangeau*, t. III, p. 127. Il n'a pas reproduit cette phrase dans ses propres Mémoires. — Labruyère, dans son portrait du Distrait, écrivait vers 1688 : « On a inventé aux tables une grande cuiller pour la commodité du service. » Édition Servois, t. II, p. 12.

[1] *Chansons*, t. I, p. 161.

Le marquis de Coulanges, ami des Précieuses et cousin germain de madame de Sévigné, appartenait au grand monde, et ce sont les mœurs de ce monde-là qu'il a la prétention de peindre. Encore le tableau est-il singulièrement flatté, et il est facile de mettre le poète en contradiction avec lui-même. Le 4 mars 1695, il écrivait à madame de Sévigné pour lui raconter qu'il venait de faire chez M. de Chaulnes un excellent dîner, où il avait « mangé comme un diable et bu comme un trou. » L'hôtel de Chaulnes était renommé pour sa magnificence et pour l'habileté de son maître d'hôtel, un sieur Honoré, « homme admirable. » Donc, la cuisine fut exquise. Mais, au cours du repas, le précieux Coulanges se sentit révolté de choses qui paraissaient toutes naturelles à tout le monde, et qu'il narre ainsi à sa cousine : « Ayant souhaité une vive [1], madame de Saint-Germain en mit une sur une assiette pour me l'envoyer; mais j'eus beau dire que je ne voulois point de sauce, la propre dame, en assurant que la sauce valait mieux que le poisson, l'arrosa à diverses reprises avec sa cuiller, qui sortoit

[1] Poisson de mer

toute fraîche de sa belle bouche. Madame de la
Salle ne servit jamais qu'avec ses dix doigts [1]. »

Il s'écoula plus d'un siècle avant que
les raffinements dont Coulanges était si fier
eussent été adoptés par la bourgeoisie. Une
Civilité, imprimée en 1749, nous fournit encore ces instructions : « Il faut disposer les
plats sur la table tellement que tous les conviés y puissent atteindre avec la cuillière.
Vous étendrez votre serviette honnestement
devant vous, de sorte qu'elle couvre jusqu'à la
poitrine, et ayant essuyé votre cuillière avec
le bout de votre serviette, vous attendrez que
quelqu'un ait commencé à prendre du bouillon
dans le plat ou dans son écuelle. Si le potage
est dans un plat, portez-y la cuillière à votre
tour, sans vous précipiter [2]. »

Enfin, sept ans avant la Révolution, un
manuel des bienséances indiquait ainsi les
règles à suivre pour briller en bonne société :
« Il est incivil de prendre le potage dans le
plat pour le manger, et d'en tirer chaque fois
avec sa cuiller ce qu'on veut porter à sa bouche; mais il faut recevoir du potage des per-

---

[1] *Lettres de madame de Sévigné*, t. X, p. 249.
[2] *La civilité puérile et honneste*, par un missionnaire,
édit. de 1749, p. 48, 49 et 57.

sonnes qui en servent avec les grandes cuillers faites exprès : il faut ensuite se servir de sa cuiller pour manger ce qui est sur son assiette. S'il n'y a point de grande cuiller, et que personne ne serve du potage, il faut se servir de la sienne pour en prendre, après l'avoir bien essuyée auparavant [1]. »

Passons aux aliments solides.

Nous sommes au commencement du dix-septième siècle, dans une maison riche et élégante, au Louvre si vous voulez, un jour de gala. Les cuillères ont été enlevées, et les convives n'ont plus auprès d'eux que leur pain [2]. On a découpé les viandes avec art en morceaux à peu près égaux, et les mets sont disposés sur la table de manière à se trouver autant que possible à la portée de tous. Des pages ou des valets les présentent successivement, comme aujourd'hui. Chaque invité, mettant alors la main au plat, prend les morceaux qui lui conviennent, les dépose sur son assiette, puis les saisissant avec ses doigts, les déchire à belles dents.

[1] J. B. de La Salle, *Les règles de la bienséance et de la civilité*, édit. de 1782, p. 85.
[2] Les verres et les bouteilles ne figurent pas sur la table. Voy. ci-dessous le chapitre II.

Écoutons les maitres en civilité.

La contenance de la table [1] recommande à l'enfant de ne jamais se moucher avec la main qui prend la viande :

> Enfant, se ton nez est morveux,
> Ne le torche de la main nue
> De quoy ta viande est tenue :
> Le fait est vilain et honteux.

La *Civilité* de Jean Sulpice, écrite en latin [2] vers 1480, nous fournit encore d'utiles renseignements :

Prends la viande avec trois doigts [3], et ne remply la bouche de trop gros morceaux.

Ne répute pareillement honneste mettre la viande en la bouche de chacune main, et manger des deux costez.

Fais part à celuy qui est auprès de toy des viandes que tu as plus à main que luy.

La main de laquelle tu prends la viande ne soit point grasse ou sale par les morceaux que tu auras touchez.

Tu ne doibs point tenir long temps les mains dedans le plat.

Si celuy qui est assis auprès de toy taille quelque morceau, ne mets la main au plat jusques à ce qu'il

---

[1] Écrite vers le milieu du quinzième siècle.

[2] *Libellus de moribus in mensa servandis.* Voy. ci-dessous, p. 180.

[3] Il y a dans le texte : « Esto tribus digitis. » Et le commentateur ajoute : « Tribus tantum digitis cibum cape. »

ait prins ce qu'il voudra, et qu'il ait retiré sa main.

On te tiendra pour vilain et deshonneste si tu mets les mains au sein ou que tu te frottes quelque partie du corps deshonneste, et puis après tu viennes à éparpiller la viande avec les doigts[1].

Bien entendu, il n'est pas encore question de fourchettes. Le moyen âge nous en a pourtant légué quelques spécimens, mais ils sont emmanchés de cristal, de pierres dures ou d'ivoire, et l'on y reconnaît des objets de luxe, presque des curiosités. Jeanne d'Évreux, femme de Charles le Bel, et Clémence de Hongrie possédaient chacune une seule fourchette ; la duchesse de Touraine en avait deux[2]. Dans l'inventaire de Charles V, figurent neuf fourchettes d'or et deux d'argent[3]. Quand le bon roi était à table, on plaçait devant lui une nef contenant « sa cueillier, son coutelet et sa fourchette d'or[4], » mais il eût été certainement fort embarrassé pour se servir de cette dernière comme nous le faisons aujourd'hui.

[1] Traduction donnée par Guillaume Durand en 1545, p. 23 à 28.

[2] Voy. comte de Laborde, *Notice des émaux*, IIe partie, p. 321.

[3] Tandis qu'il possédait vingt-huit nefs, trente-neuf salières, quatre-vingt-quatre plats d'or, huit cent quarante écuelles d'argent, etc.

[4] Labarte, *Inventaire de Charles V*, art. 792.

Les inventaires, assez détaillés sur ce point, nous montrent que ces petits instruments, inconnus même à la riche bourgeoisie, étaient destinés, dans les maisons princières, à manger certains fruits, les poires et les mûres entre autres. Je constate encore, pour mémoire, que Charles VI, en 1418, avait seulement trois fourchettes[1], et que Charlotte d'Albret n'en possédait pas davantage en 1514[2].

Notez que, même chez les princes, la personne chargée de découper la viande avant que le plat fût livré aux convives opérait avec un couteau, auquel elle adjoignait ses doigts en guise de fourchette. Un passage d'Olivier de La Marche ne laisse aucun doute sur ce point. Décrivant les fonctions de l'écuyer tranchant attaché à la personne de Charles le Hardi, il s'exprime ainsi : les parts étant faites, « il doit prendre la chair sur son couteau, et le mettre devant le prince; et s'il est bon compagnon, il doit très bien manger, et son droit est de manger ce qui luy demeure en la main en tranchant[3]. »

---

[1] Douët-d'Arcq, *Pièces inédites relatives au règne de Charles VI*, t. II, p. 341, nos 422 à 424.

[2] Inventaire publié par E. Bonnaffé, nos 9 et 145.

[3] *Estat de la maison de Charles le Hardy*, édit. Michaud, t. III, p. 591.

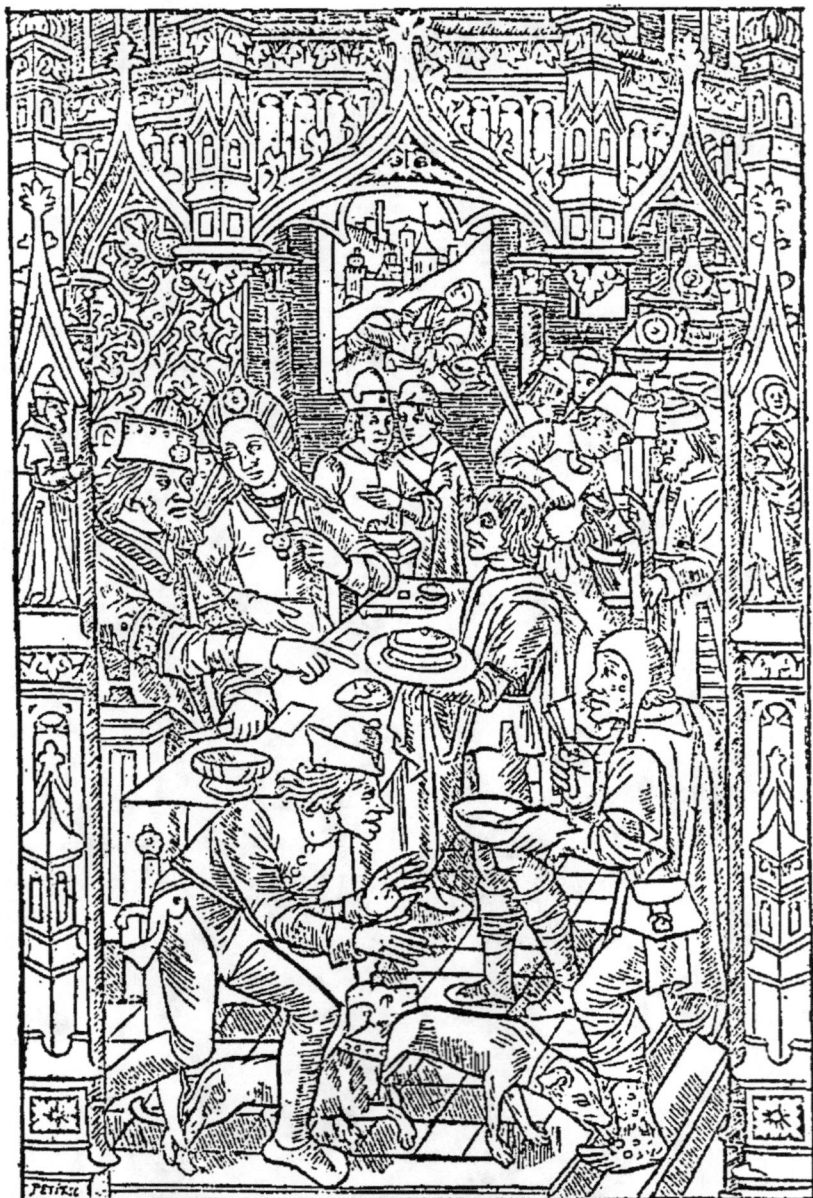

Dlexi qioniam exaudiet dominus voce3
oiationis mee❀Quia inclinauit aurem su
am michi ⁊ in diebus meis inuocabo❀Cir
cumdederunt me dolores moitis: et pericula infer⸗

UN REPAS AU QUINZIÈME SIÈCLE.
D'après un livre d'*Heures* imprimé pour Jehan Poitevin,
1498, in-4°.

Je laisse maintenant la parole à Érasme, dont le traité de *Civilité,* publié en 1530 [1], jouit pendant longtemps d'une si grande vogue :

Garde toy de porter la main au plat le premier.

Tout ce que tu ne pourras recevoir avec les doigts, il faut le recevoir sur ton assiette.

C'est aussi une espèce d'incivilité bien grande, ayant les doigts sales et gras, de les porter à la bouche pour les lécher, ou de les essuyer à sa jacquette [2] : il sera plus honneste que ce soit à la nappe ou à la serviette.

Nettoyer la coque de l'œuf avec les ongles des doigts ou avec le poulce est chose ridicule : cela se pourra faire plus civilement avec le couteau [3].

Les convives avaient donc à leur disposition des couteaux? Oui, mais en petit nombre, ceux sans doute qui avaient servi à découper, et ils n'étaient utilisés qu'exceptionnellement. Voici ce qu'écrivait C. Calviac en 1560 :

Les Italiens se plaisent aucunement [4] à avoir chascun son cousteau; mais les Allemans ont cela en singulière recommandation, et tellement qu'on leur fait grand desplaisir de le prendre devant eux

---

[1] *De civilitate morum puerilium.*

[2] *Vel ad tunicam extergere.*

[3] Traduction donnée en 1613, par Claude Hardy, p. 51 à 57. — Voy. ci-dessous, p. 203.

[4] Généralement.

ou de leur demander. Les François au contraire.
Toute une pleine table de personnes se serviront de
deux ou -trois cousteaux, sans faire difficulté de le
demander ou prendre, ou le bailler s'ilz l'ont. Par
.quoy, s'il advient que quelqu'un demande son
cousteau à l'enfant, il luy doit bailler[1].

Montaigne, trente ans après, a soin de men-
tionner dans la relation de son voyage que
« jamais Suisse n'est sans cousteau, duquel ils
prennent toutes choses, et ne mettent guière
la main au plat[2]. »

Lui-même mangeait sans cuillère ni fourchette, et si vite que, dit-il, « je mors parfois
mes doigts de hâtiveté[3]. »

En 1605, année où parut la *Description de
l'isle des hermaphrodites*, l'usage des fourchettes
commençait à se répandre dans le grand
monde. Toutefois, il était rare encore de trouver des personnes qui sussent s'en servir
adroitement :

Ils ne touchoient jamais la viande avec les mains ;
mais avec des fourchettes ils la portoient jusque
dans leur bouche en allongeant le col et le corps
sur leur assiette... Ils prenoient aussi la salade avec
des fourchettes, car il est deffendu dans ce pays-là

---

[1] *La civile honnesteté pour les enfans.* Paris, 1560,
in-12. — Voy. ci-dessous, p. 202.

[2] *Voyages*, p. 30.

[3] *Essais*, liv. III, chap. XIII.

de toucher la viande avec les mains, quelque difficile à prendre qu'elle soit, et ayment mieux que
ce petit instrument fourchu touche à leur bouche
que leurs doigts... On apporta ensuite quelques
artichaux, asperges, poix et febves escossées, et lors
ce fut un plaisir de les voir manger ceci avec leurs
fourchettes; car ceux qui n'estoient pas du tout si
adroits que les autres en laissoient bien autant
tomber dans le plat, sur leurs assiettes et par le
chemin qu'ils en mettoient en leur bouche[1].

Si les raffinés manœuvraient encore avec
tant de maladresse la fourche à trois dents, on
peut croire qu'elle n'avait pas pénétré dans la
bourgeoisie, où sans doute on ignorait jusqu'à
son nom. Le voyageur anglais Thomas Coryate,
qui visita Paris en 1608, nous déclare que les
fourchettes y étaient inconnues, et qu'il vit
pour la première fois ce petit ustensile en Italie[2], où il se rendit en quittant la France. Il a
consigné dans ses *Coryate's crudities*[3] la sur-

[1] Artus d'Embry, p. 105 et 107.

[2] Les Espagnols et les Italiens connaissaient les fourchettes depuis longtemps. J. L. Vivès, qui écrivait vers
1535, les présente comme d'usage général en Espagne :
Astat mensæ structor, cultellos et furcinellas componens,
ce qu'un auteur contemporain traduit ainsi : « Le serviteur de table est près, mettant à droite les couteaux et les
fourchettes. » *Les dialogues de Jean-Louis Vivès,* 1560,
in-12, p. 121.

[3] London, 1776, 3 vol. in-8°, t. 1, p. 107.

prise que lui causa cette découverte. Je vais tra-
duire aussi littéralement que possible ce passage de son livre :

Dans les villes italiennes, j'ai observé une coutume qui n'existe dans aucune des contrées que j'ai
parcourues, et sans doute dans aucun pays de la
chrétienté, si ce n'est en Italie. Les Italiens et
beaucoup d'étrangers établis dans cette presqu'île
se servent toujours d'une petite fourche quand ils
coupent leur viande. Toute personne qui, à table
avec des Italiens, toucherait la viande avec ses
doigts, transgresserait les règles de la civilité; il
serait vu de mauvais œil et repris. On mange ainsi
dans toute l'Italie. Les fourchettes sont faites de fer
ou d'acier, les nobles en ont même parfois d'argent.
Ce qu'il y a d'étrange, c'est que l'on ne pourrait
jamais décider un Italien à manger dans le plat
avec ses doigts; on vous donne pour raison que
tout le monde n'a pas les mains propres. J'en
arrivai à adopter cette coutume et à me servir de
fourchette, même lorsque je fus de retour en Angleterre. Cela me valut d'ailleurs plus d'une raillerie,
et un de mes amis intimes, Laurence Whitaker, ne
craignit pas, en plein dîner, de m'appliquer l'épi-
thète de *furcifer*.

Quatre ans après les étonnements de Coryate,
le roi de France et même son fils se servaient
de fourchettes. Héroard[1] nous montre, en

[1] *Journal de Louis XIII*, 9 mai 1612, t. II, p. 104.

1612, le Dauphin tambourinant « contre la table avec sa cuillère et sa fourchette ; » et en 1617, on médita, paraît-il, d'empoisonner Henri IV « par le moyen d'une fourchette creuse dans laquelle il y auroit du poison qui couleroit dans le morceau qu'on luy serviroit [1]. » Scarron, racontant le repas offert par Énée à Didon, constate que le pieux fils d'Anchise prit place en face de la princesse,

> Ayant attaché en bavette
> Sous le menton sa serviette.
> Il étoit si propre, dit-on,
> Qu'il n'eût pas pour un ducaton
> (Grand signe d'intention nette)
> Voulu rien manger sans fourchette [2].

Mais il s'agit ici d'un personnage ayant des parents jusque dans l'Olympe. Moins raffinée que lui et même que Henri IV, Anne d'Autriche, la reine aux belles mains, ne les trouvait pas déplacées au milieu d'un ragoût. En avril 1651, elle accepta à dîner chez le président de Maisons,

> Et les belles mains de la Reine
> Prirent assez souvent la peine
> De porter à son rouge bec
> (Cecy soit dit avec respect)

[1] Tallemant des Réaux, t. I, p. 385.
[2] *Virgile travesty*, liv. I (publié en 1648), p. 77.

> Maintes savoureuses pâtures,
> Tant de chair que de confitures [1].

Son fils n'usa également de fourchette qu'assez tard. Mais j'ai omis de dire que le roi étant toujours servi à part, aucun convive n'avait à promener les doigts dans ses mets, à moins qu'il ne l'y autorisât. Mademoiselle de Montpensier, parlant d'une collation à laquelle présidait en 1658 Louis XIV, alors âgé de quinze ans, s'exprime ainsi : « Le Roi ne mettoit pas la main à un plat qu'il ne demandât si on en vouloit, et ordonnoit de manger avec lui. Pour moi, qui ai été nourrie dans un grand respect, cela m'étonnoit, et j'ai été longtemps sans m'accoustumer à en user ainsi. Quand j'ai vu que les autres le faisoient, et que la Reine m'eut dit un jour que le Roi n'aimoit pas les cérémonies, et qu'il vouloit qu'on mangeât à son plat, alors je le fis [2]. »

---

[1] Loret, *Muze historique*, n° du 23 avril 1651.

[2] *Mémoires*, édit. Michaud, t. XXVIII, p. 281. — Dans la suite encore, on vit parfois Louis XIV mettre de côté pendant les repas cette majesté que ses contemporains ont tant célébrée. Témoin le fait suivant, raconté par le duc de Luynes : « Dans les soupers du feu Roi avec les princesses et dames à Marly, il arrivoit quelquefois que le Roi, qui étoit fort adroit, se divertissoit à jeter des boules de pain aux dames, et permettoit qu'elles lui en jetassent toutes. M. de Lassay, qui étoit fort jeune et n'avoit encore jamais

L'année suivante, Pierre David publiait son
Maistre d'hostel, dans lequel on trouve d'inté-
ressants détails sur la façon dont on devait
mettre le couvert. Des règles qu'il donne,
il faut conclure que les grands seigneurs
seuls jouissaient alors du privilège d'avoir
une fourchette à leur disposition. Voyez :
« A la main droite de chaque assiette, il [le
sommelier] mettra les cousteaux, tousjours le
tranchant vers elle, puis les cueillers le creux
en bas, sans aucunement les croiser, ensuite
le pain sur les assiettes et la serviette par dessus. Que s'il y a un cadenas, le quel ne se met
ordinairement que devant les Princes et les
Ducs et Pairs, il faut mettre sur ce cadenas
une serviette sur la quelle seront mis le cousteau, la cueiller et la fourchette[1]. »

Un siècle plus tard, l'usage de la fourchette était devenu général[2]. Cependant les

vu ces soupers, m'a dit qu'il fut d'un étonnement extrême
de voir jeter des boules de pain au Roi ; non seulement
des boules, mais on se jetoit des pommes, des oranges.
On prétend que mademoiselle de Viantais, fille d'honneur de madame la princesse de Conty, fille du Roi,
lui jeta une salade tout assaisonnée. » *Mémoires,* 8 septembre 1738, t. II, p. 244.

[1] Pages 10 et 11.

[2] Les Espagnols se servaient, en 1680, d'un instrument
qui avait une cuillère d'un bout et une fourchette de l'autre ;

manuels de civilité recommandaient encore
de ne pas saisir la viande avec les doigts : « Si
on vous sert de la viande, il n'est pas séant de
la prendre avec la main ; mais il faut présenter votre assiette de la main gauche, et
tenant votre fourchette ou votre couteau de la
droite, recevoir ce que l'on vous donne en
vous inclinant un peu [1]. »

Somme toute, je crois avoir établi d'une
manière irréfutable que :

1° Jusqu'au dix-septième siècle au moins,
tout le monde en France mangeait avec les
doigts.

2° L'emploi des fourchettes ne commença
à s'introduire dans la haute société qu'après
1600.

3° Les fourchettes ne furent pas d'un
usage régulier dans la bourgeoisie avant le
dix-huitième siècle.

Si j'ai insisté sur ces trois points, et si je
n'ai pas craint de multiplier, outre mesure
peut-être, les citations pour arriver à une

de sorte qu'il suffisait de le retourner après le potage pour
manger la viande. Voy. les *Mémoires du comte de Forbin*,
édit. Michaud, t. XXXIII, p. 457.

[1] *La civilité puérile et honneste*, par un missionnaire
[1749].

démonstration complète, c'est que, fait inconcevable, je me trouvais ici en présence d'un sujet absolument neuf[1]. Ceci prouve une fois de plus à quel point tout ce qui concerne la vie privée de nos pères a été laissé dans l'oubli. Les historiens regardent comme indigne de leur érudition, peut-être même comme indigne de la majesté de l'histoire, la solution de problèmes d'ordre si vulgaire. Savoir jusqu'à quelle époque les Français ont mangé avec les doigts est une question qui ne les touche guère, et il leur importe peu que, dans les œuvres d'art comme au théâtre, on continue à représenter la fourchette à la main des personnages qui ignoraient certainement l'existence de cet ustensile[2].

---

[1] M. de Laborde, cependant, lui consacre quelques lignes dans sa *Notice des émaux*, p. 322.

[2] Ces lignes, écrites depuis trois ans, viennent de recevoir un démenti par la publication du *Dictionnaire de l'ameublement*, dont M. Henry Havard est l'auteur. L'histoire de la fourchette y est traitée avec tout le soin qu'elle mérite. M. Havard croit que ce petit instrument doit son origine au développement que prirent, vers la fin du seizième siècle, les cols empesés nommés fraises. « Comme avec de pareils cols, dit-il, il était impossible de porter ses aliments à la bouche avec ses doigts, on dut rallonger les manches des cuillers et, pour les mets solides, recourir aux fourchettes. » (T. II, p. 831.) Faut-il donc supposer que, sans la ridicule mode des fraises, nous mangerions encore avec

Pendant longtemps, les services et les mets
se succédèrent sans ordre fixe. Olivier de la
Marche nous apprend pourtant qu'en général
on servait d'abord le potage, puis les œufs, les
poissons et les viandes[1]. Souvent, dans les
repas d'apparat, on changeait alors la nappe,
qui devait déjà être en triste état, et l'on plaçait avec cérémonie au milieu de la table l'entremets, cygne, paon ou faisan, revêtus de leur
plumage et ayant le bec et les pattes dorées.
Le dessert succédait à l'entremets. Puis on
enlevait de nouveau la nappe, ou bien les convives passaient dans une autre pièce, et l'on
servait les liqueurs et les épices dites de table,
exactement comme on sert aujourd'hui le café.
C'étaient du clairet ou de l'hypocras, des dragées, du sucre rosat, des fruits confits, de la
sauge, du gingembre, de la cardamine, du
fenouil, de l'anis, de la coriandre, de la cannelle, du safran pulvérisés, etc., etc.[2]. Tout cela

les doigts? Il est pourtant vrai que l'on reprit pour un
temps cette coutume, précisément à l'époque où l'on cessa
de porter des fraises, puisque nous voyons Henri IV manger
avec une fourchette, et Louis XIV, aussi bien que sa mère,
se servir de leurs doigts. Nous constaterons ailleurs qu'il en
fut de même pour les serviettes de table.

[1] *Mémoires*, p. 591.

[2] «Pour ayder à la concoction, on présente de l'anis confit.
Plusieurs, qui ont l'estomach plus débile, se servent de

était offert, non par les valets, mais par des
convives et le plus souvent par des femmes;
« et les servoit-on aux seigneurs, dames et
damoiselles, selon qu'ils estoient grands personnages [1]. » Au festin donné par Charles V à
l'empereur Charles IV en 1378, « comme
l'Empereur ne pouvoit commodément se lever
de table, le Roi fit servir sur la table même le
vin et les épices; le duc de Berry [2] offrit par
ordre du Roi les épices à l'Empereur, le duc
de Bourbon [3] les offrit au Roi [4]. »

André Favyn nous a conservé [5], d'après une
chronique manuscrite de Foix, le menu d'un
festin organisé par Gaston, comte de Foix et

quelque poudre digestive, composée de fenoüil doux, coriandre préparé avec jus de coing, coraux préparez, con-
serves de roses seiches, bien peu de mastic, un peu plus de
cannelle, où on adjouste le double de sucre rosat dont on
fait une poudre. Ou en lieu d'icelle, prennent de la crouste
de pain, deux ou trois feuilles de sauge, un peu d'anis et
du sucre rosat, et du tout font une poudre dont on prend
une petite cuillerée faicte exprès. » Joseph du Chesne [mé-
decin de Henri IV], *Le pourtraict de la santé*, édit. de 1606,
p. 364.
[1] Aliénor de Poitiers, p. 170 et 187.
[2] Frère de Charles V.
[3] Beau-père de Charles V.
[4] Christine de Pisan, *Fais et bonnes meurs du roy Charles*,
édit. Michaud, t. II, p. 110.
[5] Dans *Le théâtre d'honneur et de chevalerie*, t. I,
p. 571.

prince de Viane, pour le roi et la cour en 1458.
Les convives y furent partagés en douze tables.
Les fonctions de maître d'hôtel étaient rem-
plies par le comte de Foix, le comte de Dunois,
le comte de la Marche et le grand sénéchal de
Normandie.

Le premier service fut composé seulement
de rôties arrosées d'hypocras blanc.

Au second service parurent « grands
pastez de chappons à haute graisse, avec jambons de sangliers, accompagnez de sept sortes
de potages. Tous les services estoient en plats
d'argent, et falloit audit service pour chacune
table cent quarante plats d'argent. »

Le troisième service « fut de rosty, où il
n'y avoit sinon phaisans, perdrix, conins [1],
paons, butorts, hérons, oustardes, oysons,
beccasses, cygnes, halebrants, et toutes sortes
d'oyseaux de rivière que l'on sçauroit penser.
Audit service y avoit pareillement des che-
vreaux sauvages, cerfs, et plusieurs autres
venaisons. Et falloit audit service pour chacune table cent quarante plats d'argent.

« Le quatriesme service fut d'oyseaux,
tant grands que petits, et tout le service fut

_____
[1] Lapins.

doré[1]. Et en chacune table falloit cent quarante plats, comme en tous les autres services.

« Le cinquiesme fut de tartes, darioles,
plats de crème, oranges et citrons confits. »

Au sixième, on servit seulement des oublies
accompagnées d'hypocras rouge.

« Le septiesme fut d'espiceries et confitures faites en façon de lyons, cygnes, cerfs et
autres sortes. Et en chacune pièce estoient les
armes et devise du Roy. »

P. Belon, savant naturaliste du seizième
siècle, célèbre la « majesté » des Français à
table, et la quantité de mets dont se composait
un repas. Au premier service ou entrée, dit-
il, on sert « ce qui est mol et liquide, et se
doit servir chaud, comme sont les potages,
fricassées, hachis et salade. » Le second service comprend les rôtis et les bouillis; et
« l'issuë de table est de choses froides, comme
de fruictage, laictage et doulceurs[2]. »

Le *Philaret,* roman écrit quinze ans après
l'ouvrage de Belon, indique un ordre différent[3]. D'où l'on doit conclure qu'il n'y avait

---

[1] Ce qui signifie que tous ces oiseaux avaient bec et
pattes dorés.

[2] *De la nature des oiseaux* [1555], p. 62.

[3] Page 61.

pas à cet égard de règles fixes, ou tout au
moins qu'elles changèrent souvent. Au festin
donné pour le mariage de mademoiselle de
Blois, le premier service consista moitié en
potages, moitié en entrées; le second, moitié
en entremets, moitié en rôtis; le troisième, en
dessert[1]. L'année suivante, Louvois, qui venait
d'acheter le château de Meudon, y offrit à la
reine une collation composée de quatre services ainsi composés :

1er service : 40 plats d'entrées.
2e   —   40 plats de rôtis et salades.
3e   —   entremets froids et chauds.
4e   —   dessert « exquis et rare. »

Le *Mercure galant*[2] trouve avec raison cet
ordre admirable. Ajoutons que la table avait
dix-huit pieds de long sur six de large, et que
les convives étaient au nombre de dix-neuf.

Les détails donnés plus haut sur la manière
dont on mangeait font comprendre l'importance alors attachée à l'art de découper. Les
plus grands seigneurs ne dédaignaient pas de
s'y montrer habiles. Joinville raconte avec

---

1 *Mercure galant*, janvier 1680, p. 70.
2 Juillet 1681, p. 335.

orgueil [1] qu'il *trancha* un jour à la table du roi
de Navarre. Au même repas, saint Louis était
servi par son frère le comte d'Artois, et le bon
comte de Soissons découpait devant le roi :
« devant li Roy tranchoit dou coutel li bons
cuens Jehans de Soissons. »

Au dix-septième siècle encore, les jeunes
gentilshommes étaient **exercés** au découpage
des viandes, et on leur apprenait à distinguer
dans chacune d'elles les meilleurs morceaux.
C'étaient :

L'aile, pour les oiseaux qui grattent la terre
avec leurs pattes.

La cuisse, pour les oiseaux qui vivent en
l'air.

Les blancs, pour les grosses volailles rôties,
oies, dindons, etc.

La peau et les oreilles, pour les cochons de
lait.

Le râble et les cuisses, pour les lièvres et les
lapins.

Les grands poissons, marsouins, saumons,
brochets, etc., se coupaient en deux, et l'on
plaçait au haut bout de la table le côté de la
tête, regardé comme le plus délicat. Quant

---

[1] *Histoire de saint Louis,* édit. de 1868, p. 34.

4.

aux poissons à arête centrale, tels que la vive
et la sole, on estimait surtout le milieu. On
faisait honneur à un convive en lui offrant la
langue de la carpe[1].

Le melon se servait avant la viande.

Les oranges accompagnaient le rôti[2]. Dans
une chanson du seizième siècle, un poète gourmand s'exprimait ainsi :

> Je voudrois à mon souper
> Que ma table fut bien garnie
>   D'un bon levraut bien lardé,
>   Avec une perdrix rostie,
> Et force orenges par dessus[3].

Les truffes étaient considérées comme « une
espèce de dessert[4], » et passaient déjà pour
aphrodisiaques[5].

Avant de manger les fruits, on les lavait :

> L'en sert de fruit devant lever[6],
> N'en mangeue point sans le laver,

dit la *Contenance de la table*. Peler les poires,
les pommes, les oranges, les citrons était tout

---

[1] A. de Courtin, *Nouveau traité de la civilité*, p. 109
et suiv.

[2] A. de Courtin, p. 108.

[3] A la suite des œuvres d'Olivier Basselin, édit. Paul
Lacroix, p. 256.

[4] Le Duchat, *Notes sur Rabelais*, t. III, p. 187.

[5] Voy. Platina, *De honesta voluptate*, trad. Christol,
p. 85.

[6] Avant de se lever de table.

un art. On enlevait la peau en la laissant adhérente au fruit par un côté, et l'on s'efforçait de former ainsi diverses figures. *L'Escole parfaite des officiers de bouche*[1] renferme dix planches qui représentent :

10 manières de peler les pommes.
18   —   —   poires.
18   —   —   oranges.
12   —   —   citrons[2].

Le fromage, nettoyé d'avance, était divisé en petits morceaux qui s'offraient, comme les fruits, avec la pointe du couteau[3].

Un beau couvert était loin d'offrir le même aspect qu'aujourd'hui. Les repas se divisaient en plusieurs services, et les plats composant chaque service étaient placés sur la table tous à la fois, comme nous le faisons encore pour le dessert. Le nombre des plats était proportionné à celui des convives. Voici les chiffres fournis par le *Nouveau cuisinier royal*[4] :

---

[1] Édition de 1662, p. 48 et suiv.

[2] C'était l'affaire du sommelier, qui devait « savoir ajuster son fruict, et le déguiser en toutes sortes de figures, comme aussi le peler en plusieurs et diverses façons. »

[3] *Civilité puérile et honneste*, par un missionnaire, p. 56.

[4] Édit. de 1714, t. I, p. 1 et suiv.

Table de 6 à 8 couverts : 7 plats par service.
  —   10 à 12   —   9   —   —
  —   14 à 15   —   11   —   —
  —   20 à 22   —   21   —   —
  —   20 à 27   —   27   —   —
  —   30 à 35   —   43   —   —

J'emprunte au même ouvrage le menu d'un souper de dix à douze couverts, *servi à neuf plats par service* :

PREMIER SERVICE.

Plat du milieu : 1 oille[1].

6 *entrées :* 1 terrine de perdreaux aux choux.

1   —   filets de canards.

1 tourte de pigeons.

---

[1] Mets célèbre, et fort estimé des grands seigneurs espagnols. Il se composait de plusieurs bonnes viandes, canards, perdrix, pigeons, cailles, poulets, etc., que l'on faisait cuire ensemble, en y ajoutant une foule de substances aromatiques, muscade, poivre, thym, gingembre, basilic, etc. On trouve la recette de cet affreux ragoût dans le *Nouveau cuisinier royal* (t. I, p. 483). Elle avait été rapportée de la Péninsule par Asmach, cuisinier fameux, qui avait suivi Philippe V dans son royaume. Comme l'indique le *Cuisinier royal*, l'oille se servait toujours dans des plats d'argent, et d'Argenson (*Mémoires*, édit. Rathery, t. II, p. 430), voulant peindre la situation précaire de la duchesse de Mazarin, écrit qu'elle en est réduite à « vendre ses deux pots à oille. » Madame de Sévigné, mauvaise cuisinière, faisait de l'oille avec « une seule viande et de la chicorée amère » (10 octobre 1673, t. III, p. 237); mais elle en connaissait bien la vraie recette, puisqu'elle termine ainsi la description d'un violent orage : « Il fit une oille et une fricassée épouvantable de toutes sortes de gibiers et de volailles » (24 juillet 1693, t. X, p. 117).

2 poulardes en galantine.

1 filet de bœuf piqué, aux concombres.

1 grenade au sang[1].

2 *hors-d'œuvre* : cailles à la poële.

petits poulets à la cendre[2].

[1] « Pour faire une grenade, il faut avoir une quantité de fricandeaux piquez de petit lard, et une casserole ronde qui ne soit pas trop grande. Mettez-y de belles bardes de lard dessous, et rangez vos fricandeaux le lard en dehors; qu'ils soient en pointe au milieu, et qu'ils se touchent l'un l'autre. De peur que cela ne se défasse en cuisant, on les fait tenir ensemble avec du blanc d'œuf battu dans lequel on mouille la main pour les humecter par les bords, qui doivent être plus minces que le reste. On met dans le creux que cela fait et tout autour un peu de la farce des mirotons, réservant le milieu. Prenez d'une poularde, perdrix et faisans cuits, coupez le blanc par petits dés, prenez de la panne la valeur d'une demi-livre, que vous coupez en dés assaisonnez de sel, de poivre, fines herbes, fines épices. Ayez le sang de huit ou dix pigeons ; mêlez cette viande et la graisse coupez en dés avec ce sang. Mettez dans votre grenade, couvrez de godiveau et faites cuire. Étant cuite, vous la renversez, et ayant levé la pointe des fricandeaux, vous y faites un trou avec la pointe d'un couteau, vous l'humectez d'une essence de jambon ou d'un petit coulis clair de perdrix et la servez chaudement. » *Nouveau cuisinier royal* [1714], t. I, p. 360.

[2] « Prenez des petits poulets, les troussez comme pour bouillir... Prenez autant comme vous avez de poulets de feuilles de papier. Mettez chaque poulet sur sa feuille de papier, les assaisonnez dessus et dessous... Le ficeler, le mouiller dans de l'eau et l'enterrer dans de la cendre chaude, y remettant de temps en temps du feu dessus, le laisser cuire pendant deux heures et demie ou trois heures. Lorsque vous croyez qu'il est cuit, tirez-le et le dépliez et le dressez dans le plat. Jetez dessus une essence de jambon,

DEUXIÈME SERVICE.

Plat du milieu : 1 petit quartier de veau, piqué et
servi dans son jùs.

4 plats de rôt : 1 poule garnie de poulets aux œufs.

1 poule   —   —

4 lapereaux.

1 plat de faisandeaux garnis de
cailleteaux.

4 hors-d'œuvre : 2 salades.

2 sauces.

TROISIÈME SERVICE.

Plat du milieu : 1 pâté de perdrix ou 1 hure de
sanglier.

6 plats moyens : 1 omelette à la Noailles[1].

1 plat de crème frite, garnie de bei-
gnets de pêches.

1 ragoût de truffes vertes.

qu'elle soit de bon goût et qu'elle ait de la pointe. Servez
chaudement pour entrée ou hors-d'œuvre. » *Nouveau cuisinier royal,* t. II, p. 241.

[1] « Prenez une chopine de lait ; mettez dans une casserole
une cuillerée d'argent de farine de ris, un peu de sel ; délayez avec une goute de lait cette farine, et y mettez huit
jaunes d'œufs frais, et les délayez bien avec le reste de la
chopine de lait ; ajoûtez-y un demi-septier de crême douce,
y mettez un morceau de canelle en bâton et du sucre à
proportion, et les faites cuire sur un fourneau en les tournant toûjours jusques à ce que cela commence à boüillir, et
le retirez et le mettez refroidir ; hachez-y de l'écorce de
citron vert confite avec des biscuits d'amandes amères et
d'autres biscuits, un peu de fleur d'orange ; mêlez le tout
avec votre crême, et ôtez-en le bâton de canelle. Prenez

1 plat d'artichaux.

1 plat de petits pois.

1 ragoût de queues d'écrevisses.

2 *hors-d'œuvre* : 1 plat d'animelles[1] frites.

1 plat de ramequins[2].

Vers 1740, un dîner bourgeois pour dix personnes se composait comme suit :

PREMIER SERVICE.

Le bouilli.

1 entrée de veau cuit dans son jus.

1 hors-d'œuvre.

SECOND SERVICE.

1 dindon.

1 plat de légumes.

dix-huit œufs frais, fouettez les blancs comme pour des meringues et y remettez douze jaunes d'œufs en les foüettant toûjours, et y vuidez la crême qui est préparée, et mêlez bien le tout ensemble. Frottez une casserole de bon beurre par tout, et y vuidez votre omelette, et la mettez au four ; lorsqu'elle est cuite, vous la renversez dans un plat et la servez chaudement pour entremets. L'on peut la glacer, si l'on veut, avec du sucre et la pelle rouge. » *Nouveau cuisinier royal*, t. I, p. 476.

[1] On nommait ainsi les testicules des agneaux et des béliers. Les animelles frites passaient pour un mets très délicat et surtout très fortifiant. On en trouve la recette dans l'*Encyclopédie méthodique*, médecine, t. I, p. 675, et t. III, p. 27.

[2] Mets très estimé, qui se composait de rôties sur lesquelles on étendait soit des rognons de veau hachés, soit des oignons pilés, soit du fromage. Parfois même on les poudrait avec de la suie de cheminée. Voy. Lavarenne, *Le cuisinier françois*, p. 104.

1 salade.

1 crème.

DESSERT.

Du fromage.

Du fruit.

1 pot de confitures[1].

On rangea d'abord les mets sur la table suivant un ordre déterminé pour chaque service. Par exemple, si les plats du premier service avaient dessiné un carré, on donnait à ceux du deuxième la forme d'un losange, et à ceux du troisième celle d'un chevron[2]. Mais les planches du *Nouveau cuisinier royal et bourgeois* nous prouvent que cette coutume n'existait plus au dix-huitième siècle.

Le dessert, alors appelé *le fruit,* se composait d'une multitude d'assiettes, de plats, de jattes et de corbeilles où les fruits étaient disposés en pyramides. En 1664, Louis XIV dînant en tête-à-tête avec le légat, le dessert « fut de grandes pyramides de vingt-quatre assiettes de porcelaines de toutes sortes de fruits, et quatorze assiettes de citronades et autres services[3]. » On en arriva à si bien exagérer la

[1] Brillat-Savarin, *Méditation* 27.

[2] G. de Rebreviettes, p. 64.

[3] *Journal d'Ormesson,* édit. Chéruel, t. II, p. 199.

Table de quatorze à quinze Couverts, fervie à trois grands Plats, quatre moyens, & quatre petits.

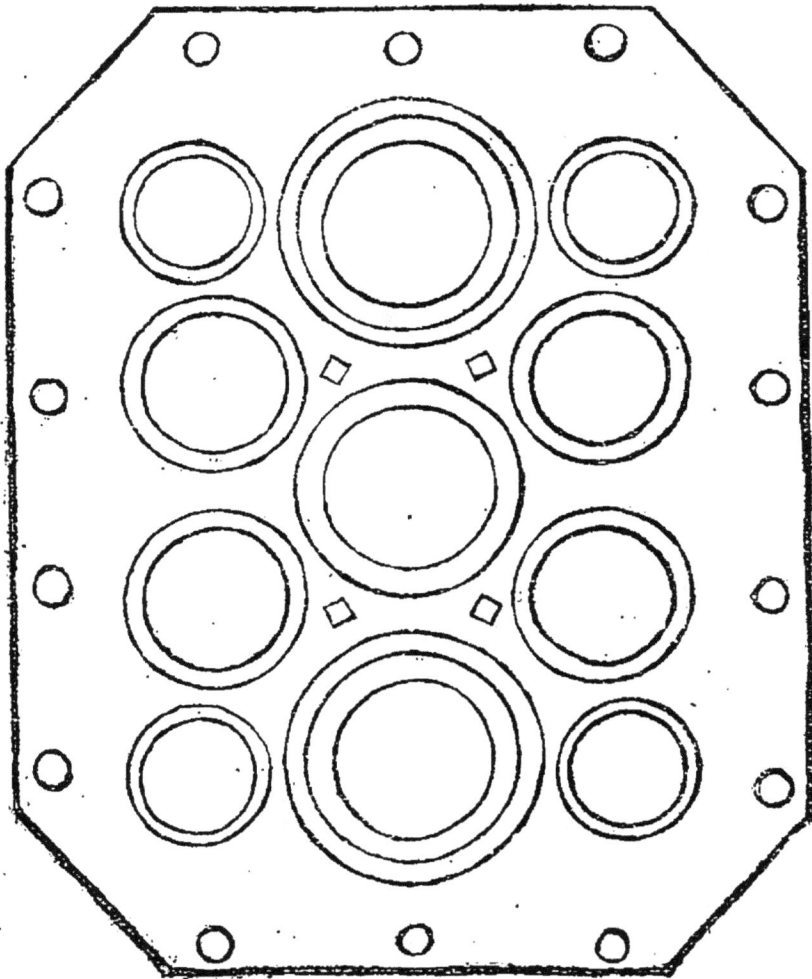

D'après le *Nouveau cuisinier royal et bourgeois*, 1714.

UN DESSERT AU DIX-HUITIÈME SIÈCLE.
Fleurs, fruits, glaces, compotes, confitures, etc.
D'après *Le confiturier royal*, 1715, in-12.

dimension de ces pyramides que les portes
devinrent trop étroites pour leur livrer passage. Écoutons madame de Sévigné : « Pour
les pyramides du fruit, il faut faire hausser les
portes. Nos pères ne prévoyoient pas ces
sortes de machines, puisque même ils n'ima-
ginoient pas qu'il fallût qu'une porte fût plus
haute qu'eux. Une pyramide veut entrer (ces
pyramides qui font qu'on est obligé de s'écrire
d'un côté de la table à l'autre) : cette pyramide avec vingt porcelaines fut si parfaitement
renversée à la porte que le bruit en fit taire
les violons [1]. »

La personne « la plus qualifiée de la
compagnie » était toujours servie la première [2].

Les mets se passaient comme aujourd'hui.
Les officiers de bouche, les pages ou les valets
« faisoient passer tous les plats devant les
convives comme une compagnie de gens de
guerre qui voudroit faire le limaçon [3]; » les
convives « arrestoient seulement à la passade

---

[1] *Lettre* du 5 août 1671, t. II, p. 307.
[2] J.-B. de La Salle, *Règles de la bienséance*, p. 85.
[3] Artus d'Embry, p. 104. — Dans la cavalerie, on donnait le nom de *limaçon* ou *colimaçon* à une manœuvre qui
consistait à tourner sans cesse autour de l'ennemi pour le
harceler.

ce qu'ils vouloient, et repoussoient le surplus avec un petit coup de doigt [1]. »

Les gardes suisses eurent pendant deux siècles la spécialité de servir à table lorsque le nombre des valets se trouvait insuffisant. Au mariage de mademoiselle de Blois avec le prince de Conti, le repas se composa de quatre cent quatre-vingts mets, ce qui rendait difficile la besogne des pages. Il fut donc convenu que des soldats suisses apporteraient les plats jusqu'à l'entrée de la salle, et que là ils seraient pris par les pages chargés de les poser sur la table et de les offrir. Cette troupe d'élite remplissait le même office dans les festins donnés par la ville de Paris. Mais en 1744, « comme il n'y avoit de Suisses à Paris que pour le service du roi, » les échevins firent appel, par voie d'affiches, aux domestiques en place et pourvus d'un certificat de leur maître. Ils en prirent une centaine [2].

Dans la petite bourgeoisie, le service de la table incombait souvent au fils de la maison, et les anciennes *Civilités* lui enseignent toutes comment il doit se conduire en cette circonstance. Elle se représentait à de courts inter-

[1] *Mercure galant*, janvier 1680, p. 61.
[2] Barbier, *Journal*, 15 novembre 1744, t. III, p. 562.

valles, car les Parisiens avaient une telle passion pour les repas en commun que, dès le seizième siècle, les pique-nique étaient chez eux très fréquents. « Les parents, les amis et les voisins, écrit Gabriel Chappuys[1], s'accordent à porter chacun sa portion ordinaire, ores en la maison de l'un, ores de l'autre, où sans grande despense et avec divers et le plus commode appareil, laissans hors la porte toutes leurs ennuyeuses pensées, souppent joyeusement en merveilleuse amitié et concorde. » Fréquemment, les mets apportés étaient réunis dans une vaste marmite, et achevaient de cuire ensemble, au sein d'une sauce improvisée. On servait chaud ce *salmigondis*, mot consacré, qui a fini par désigner tout assemblage de personnes ou de choses réunies au hasard[2]. Les jours de réjouissances publiques, on installait de longues tables dans les rues, et l'on y banquetait avec d'autant plus d'entrain que parfois le vin était offert par la municipalité[3]. Lors de la conva-

---

[1] *La civile conversation* [1579], p. 278.
[2] Il désignait aussi une manière spéciale d'apprêter le lapin. Voy. Nicolas de Bonnefons, *Les délices de la campagne*, p. 317.
[3] Voy. *Journal de Charles VI*, édit. Tuetey, p. 336. —

lescence de Louis XV (1721), la joie fut extrême à Paris : « On ne voyoit que danses et repas dans les rues. Les bourgeois faisoient servir leur souper à leurs portes, et invitoient les passans à y prendre part. Paris sembloit chaque jour donner un repas de famille [1]. » Un peu plus tard, la Révolution institua les soupers dits fraternels, où, au nom de l'égalité, tous les habitants, riches ou pauvres, étaient forcés de venir manger ensemble [2]. On renonça bientôt à ces agapes, qui ne se distinguaient probablement pas par une bien franche gaîté.

Plus d'un convive devait donc chercher à en abréger la durée, ce qui était contraire à toutes les traditions. De temps immémorial, le Parisien était réputé grand amateur de la table, et il avait pour principe de ne point s'y hâter. Nos pères ne connaissaient pas la vie active, inquiète, affairée qui nous surmène, affaiblit la race, et fait de nous les victimes de l'anémie et du nervosisme. Ils mangeaient beaucoup et sans se presser. Napoléon dînait

---

Chronique de Jean de Troyes, édit. Michaud, t. IV, p. 280.

[1] Duclos, *Mémoires*, édit. Michaud, t. XXXIV, p. 578.

[2] Voy. Mercier, *Nouveau Paris*, édit. Poulet-Malassis, t. I, p. 244.

en un quart d'heure; Charlemagne, au contraire, pour allonger ses repas, se faisait lire tantôt les œuvres de saint Augustin, tantôt les histoires et hauts faits des temps passés, « legebatur ei historiæ et antiquorum res gestæ, » dit Eginhard[1]. Cette habitude se conserva à la cour de France, et Christine de Pisan nous apprend que Jeanne de Bourbon, femme de Charles V, « durant son mangier, par ancienne coustume des rois, bien ordonnée pour obvyer à vaines et vagues parolles et pensées, avoit un preudomme en estant au bout de la table, qui, sans cesser, disoit gestes de meurs virtueux d'aucuns bons trespassez[2]. » Le comte de Foix, moins sérieux, « devant luy faisoit voulentiers ses clers chanter et dischanter chansons, rondeaux et virelais[3]. »

Les livres étaient rares au treizième et au quatorzième siècle, mais on ne les aimait que davantage, et on relisait alors volontiers. Sur le dressoir des gens graves[4] on trouvait le plus souvent la Bible, soit en latin, soit en fran-

---

[1] *Vita Karoli imperatoris,* édit. Teulet, t. I, p. 79.

[2] *Le livre des fais et bonnes meurs du sage roy Charles,* édit. Michaud, t. I, p. 615.

[3] Froissart, édit. Kervyn, t. XI, p. 88.

[4] Voy. Noël du Fail, *Contes d'Eutrapel,* édit. elzév., t. II, p. 166.

çais ; la *Légende dorée*, où sont racontés les
faits édifiants de la vie des saints ; la *Somme
des vertus et des vices*, ouvrage très moral écrit
par le dominicain Laurent ; le *Miroir historial*
de Vincent de Beauvais ; puis des traductions
faites par ordre de Charles V : Aristote, saint
Augustin, Pétrarque, et une compilation encyclopédique, le traité *Des propriétés des choses*,
dont j'ai donné plus haut un extrait. Il existait aussi des livres pour les jeunes gens et
pour les guerriers, de grandes épopées con-
nues sous le nom de *Chansons de gestes : Les
quatre fils Aymon, Doon de Mayence, Ogier le
Danois, Parise la duchesse, Mélusine* et bien
d'autres. Enfin, les amoureux avaient à leur
disposition *Le roman de la rose*, un art d'aimer
plein de belles allégories développées en vingt-
deux mille vers. Mais il fallait bien du temps
pour copier un de ces ouvrages, et les exemplaires s'en payèrent pendant longtemps au
poids presque de l'or. Aussi, quand les livres
manquaient, on exigeait de chacun des convives qu'ils racontassent à tour de rôle une
histoire ou un conte. « La pluspart du temps,
écrit Brantôme, Louis XI mangeoit à pleine
salle, avec force gentilshommes de ses plus
privez et autres ; et celuy qui luy faisoit le

meilleur et plus lascif conte de dames de joye, il estoit le mieux venu et festoyé. Et luy-mesme ne s'espargnoit à en faire, car il s'en enquéroit fort, et en vouloit souvent sçavoir ; et puis en faisoit part aux autres, et publiquement. C'estoit bien un scandale grand que celuy-là. Il avoit très mauvaise opinion des femmes, et ne les croyoit toutes chastes [1]. » Louis XI avait tort sans nul doute, et ce scepticisme serait impardonnable si nous ne lui devions le joli recueil des *Cent nouvelles nouvelles*, qui fut composé pendant le séjour forcé de ce prince, alors Dauphin, à la cour du duc de Bourgogne.

Au nom de l'hygiène, Laurent Joubert, médecin de Henri III, prescrivait à son royal client de ne se point livrer pendant les repas à de graves pensées :

Le prince venant à son repas doit laisser en arrière tous affaires serieuses et graves, tinta-marres du cerveau, pour deviser plaisamment ou de la chasse ou d'autres propos récréatifs, ouyr dis-courir et débattre sur divers sujets en théologie, philosophie et questions naturelles ; de la qualité des vivres, des rares et merveilleuses guérisons, des arts méchaniques, de la guerre, de diverses inven-

[1] *Des dames,* édit. Lalanne, t. IX, p. 469.

tions, et quelque fois ouyr la musique, ores de la
voix, ores des instrumens. Et à ce qu'il y ayt
quelque ordre agréable et plaisant, aussi affin que
les gentils-hommes et autres gens de lettres qui
voudront discourir y puissent venir préparés pour
donner plus grand contentement au prince, il sera
bon de limiter ainsi les matières[1]...

On voit que parmi les distractions recom-
mandées à Henri III figurent les entretiens
philosophiques et théologiques, regardés sans
doute par le brave Joubert comme très récréatifs. Ce n'était pas l'avis du roi. On en vint
même, durant ses repas, à se permettre de
tels propos qu'il s'en blessa, et il fallait pour
cela qu'on eût été bien loin, je vous assure.
Bref, dans un règlement daté du 1ᵉʳ janvier
1585, « Sa Majesté défend désormais qu'en
ses disners et souppers personne ne parle à
Elle que tout hault, et de propos communs et
dignes de la présence de S. M. Voulant icelle
que, particulièrement à son disner, que d'histoire on parle et d'autres choses de sçavoir et
de vertu[2]. »

Chansons et contes, entretiens et gais propos
égayaient les réunions intimes, mais on avait

---

[1] L. Joubert, *La santé du prince*, p. 625.
[2] Dans Douët d'Arcq, *Comptes de l'hôtel*, p. IX.

pour les repas d'apparat, pour les festins
solennels d'autres divertissements. Entre chaque service ou mets, on offrait aux convives
des spectacles variés nommés *entremets,* qui
étaient parfois réglés avec une magnificence
inouïe.

Aux noces de Robert, frère de saint Louis,
avec Mathilde de Brabant[1], on vit pendant le
repas un homme à cheval manœuvrer en l'air
sur une corde[2]. Deux autres personnages,
montés sur des bœufs habillés d'écarlate, son-
naient du cor à chaque plat que l'on posait
sur la table royale[3].

Le banquet auquel Charles V invita en 1378
l'empereur Charles IV eut des entremets figu-
rant la conquéte de Jérusalem par Godefroy
de Bouillon[4].

En 1389, lors de l'entrée à Paris d'Isabeau
de Bavière, un festin lui fut servi dans la grand'-
salle du Palais, et les entremets représentèrent
le siège de Troie par les Grecs[5].

Pour donner une idée du luxe déployé dans

---

[1] Elles eurent lieu à Compiègne, en 1237.
[2] « Sicut ille qui in equo super cordam in aere equitavit. »
[3] Albericus Trium fontium abbas, dans G.-H. Pertz, *Monumenta Germaniæ,* t. XXIII, p. 941.
[4] Christine de Pisan, édit. Michaud, t. II, p. 110.
[5] Froissart, liv. IV, ch. I, édit. Buchon, t. III, p. 7.

ces féeries, je vais décrire les entremets qui se succédèrent au cours d'un banquet organisé à Lille par Philippe le Bon, le 17 février 1453. J'en emprunte le récit à Olivier de la Marche[1], qui avait concouru à en arrêter le plan et qui surveilla son exécution.

Trois tables immenses étaient dressées, dont chacune avait sa décoration particulière.

Celle du prince comptait quatre pièces :

1° Une église, avec ses vitraux, sa cloche et ses orgues. Dans l'intérieur se trouvaient quatre enfants prêts à jouer leur rôle.

2° Une statue d'enfant nu, qui du haut d'une roche « pissoit eaue rose continuellement. »

3° Un grand navire, muni de tout son gréement et monté par de nombreux matelots.

4° Une prairie émaillée de fleurs, avec des rochers de saphirs du centre desquels coulait un ruisseau qui allait se perdre on ne sait où.

On voyait sur la deuxième table :

1° Un pâté de belle taille, dans lequel tenaient à l'aise vingt-huit musiciens, de vrais musiciens en chair et en os.

2° Le château de Lusignan. En haut de sa

---

1 *Mémoires*, édit. Michaud, t. III, p. 480.

principale tour se tenait Mélusine sous la
forme d'un serpent. Les fossés étaient remplis
d'eau d'orange.

3° Un moulin placé sur un tertre. Près de
là, une foule de paysans « ayans arcs et arba-
lestes tiroyent à la pie. »

4° Un vignoble, au centre duquel reposaient
deux tonneaux qui représentaient le bien et le
mal. L'un contenait une liqueur douce, l'autre
un breuvage amer. Un personnage richement
vêtu, assis entre les deux tonneaux, invitait les
assistants à faire leur choix.

5° Un désert, dans lequel « un tygre mer-
veilleusement faict » combattait un grand serpent.

6° Un sauvage monté sur un chameau, et
« qui faisoit semblant et manière d'aller par
païs. »

7° Un homme qui battait avec un bâton un
buisson plein de petits oiseaux. Près de là, dans
un verger, un chevalier et une dame assis à
table mangeaient les oiseaux à mesure qu'ils
passaient près d'eux.

8° Des montagnes chargées de glaces et de
grésil. Au centre paradait un fou monté sur
un ours.

9° Un lac environné de plusieurs villes et

châteaux. Sur ses eaux, une nef voguait à pleines voiles.

La troisième table, moins grande que les autres, avait trois décorations seulement :

1° Une forêt remplie de bêtes étranges « qui se mouvoyent d'elles mesmes, ainsi que si elles fussent vives. » C'étaient donc, comme plusieurs des pièces précédentes, des automates.

2° Un « lion mouvant » attaché à un arbre, et devant lui un homme frappant un chien.

3° Un mercier traversant un village, et « portant à son col une hotte de toutes manières de merceries pleine. »

Ce n'est pas tout.

A l'extrémité de la première table se dressaient deux colonnes. Sur l'une, on voyait une femme nue. Ses longs cheveux la couvraient par derrière jusqu'aux reins; par devant, une serviette liée autour du corps était destinée à « musser[1] où il appartenoit. » De la mamelle droite de cette statue coula pendant tout le repas de l'hypocras.

A la seconde colonne, sur laquelle on lisait ces mots : « Ne touchez à ma dame, » était enchaîné un lion vivant.

_____

[1] Cacher.

S'il faut en croire Olivier de la Marche, cette
femme nue représentait Constantinople, qui
venait d'être prise et pillée par Mahomet II;
le lion prêt à la défendre, c'était le duc de
Bourgogne. Dans l'homme dont j'ai parlé plus
haut et qui frappait un chien en présence d'un
lion, il faut reconnaître, paraît-il, le sultan
Mahomet, la ville de Constantinople et le duc
de Bourgogne[1].

Avant de se mettre à table, les convives
parcoururent la salle et examinèrent les décorations que je viens de décrire. On s'assit
enfin, et le repas commença. Chaque service
était composé de quarante-huit plats, et les
rôtis arrivaient dans de petits chariots d'or et
d'azur qui semblaient se mouvoir d'eux-
mêmes.

Quand tout le monde eut pris place, la
cloche de l'église sonna; trois enfants sortant
du pâté commencèrent, en guise de bénédicité,
« une très douce chanson, » et un berger joua
de la musette.

« Après ce, ne demoura guères que, par la
porte d'entrée de la sale, entra un cheval à

---

[1] Rabelais cite le proverbe : *Battre le chien devant le
lion.* C'était châtier un faible en présence d'un puissant,
complice de la même faute.

reculons, richement couvert de soye vermeille :
sur lequel avoit deux trompettes assjs dos
contre dos et sans selle, vestus de journades[1]
de soye grise et noire, chapeaux en leurs testes
et faux visages mis. Et les mena et ramena
ledict cheval tout au long de la sale à reculons;
et tandis, ils jouèrent une batture[2] de leurs
trompettes. Et y avoit à conduire cest entremets seize chevaliers. »

Eux sortis, « en l'église fut joué des orgues,
et au pasté fut joué d'un cornet d'Alemaigne
moult estrangement. » Puis on vit s'avancer
un énorme sanglier automate. Il portait une
sorte de monstre, moitié homme, moitié grif-
fon, et le monstre avait lui-même un homme
sur les épaules. Le sanglier fit le tour de la
salle, et après son départ, « ceux de l'église
chantèrent, et au pasté fut joué d'une doucine
avec un autre instrument; et tantost après
sonnèrent moult haut quatre clairons, et firent
une joyeuse batture. Ces clairons estoyent derrière une courtine verte, tendue sur un grand
hourd faict au bout de la sale. »

Ce hourd était un théâtre. La courtine ou
rideau fut tirée, et alors commença une pan-

[1] Casaques à larges manches.
[2] Sonnerie.

tomime en trois actes représentant la conquéte de la toison d'or par Jason. Ceux de mes
lecteurs qui s'intéressent à la pantomime trou-
veront l'analyse de celle-ci dans Olivier de la
Marche et dans Froissart. Les trois actes qui
la composent ne se succédèrent pas sans inter-
ruption. Entre chacun d'eux prirent place
quelques intermèdes. Ce fut un jeune homme
qui arriva monté sur un grand cerf blanc aux
cornes dorées, et qui chanta un duo avec le
cerf. On vit ensuite un dragon de feu qui tra-
versa la pièce, « et passa outre tellement que
l'on ne sceut ce qu'il devint. » Enfin, les convives eurent le spectacle d'une chasse au vol,
dans laquelle deux faucons abattirent un héron
qui fut présenté au duc.

Mais c'étaient là « entremets mondains, »
offerts aux convives pour les préparer à la
grande représentation symbolique, vrai but de
la fête.

Un géant habillé suivant la mode des Sar-
razins de Grenade apparut à l'entrée de la
salle. Sa main gauche était armée d'une hache
à deux tranchants; de la droite il conduisait
un éléphant, « sur lequel estoit un chasteau,
où se tenoit une dame en manière de reli-
gieuse. » Cette dame figurait l'Église persé-

cutée par les Turcs, et elle venait implorer le
secours des chevaliers chrétiens. Dès qu'elle
eut aperçu la noble compagnie réunie à table,
elle fit un signe au géant :

> Géant, je veuil cy arrester,
> Car je voy noble compaignie
> A laquelle me faut parler.
> Géant, je veuil cy arrester.
> Dire leur veuil et remonstrer
> Chose qui doit bien estre ouye.
> Géant, je veuil cy arrester,
> Car je voy noble compaignie.

Cet exorde fut suivi d'une longue requéte
en vers, que vinrent appuyer douze dames
représentant chacune une vertu. Leur harangue
terminée, le roi d'armes Toison d'or apporta
en grande cérémonie un faisan vivant, qui
avait au cou un riche collier garni de pierreries.
Il le présenta au duc, en lui rappelant que
c'était une vieille coutume de faire des vœux
sur un paon ou « quelque autre oiseau noble. »
Il n'eut pas besoin d'insister. Le duc promit
solennellement à Dieu, à la Vierge, aux dames
présentes et au faisan que si le roi de France
voulait entreprendre une campagne contre le
Turc, il l'accompagnerait avec joie, et com-
battrait au besoin le Sultan corps à corps. Cet

UN REPAS D'APPARAT AU SEIZIÈME SIÈCLE.

D'après le *Virgile* de 1517.

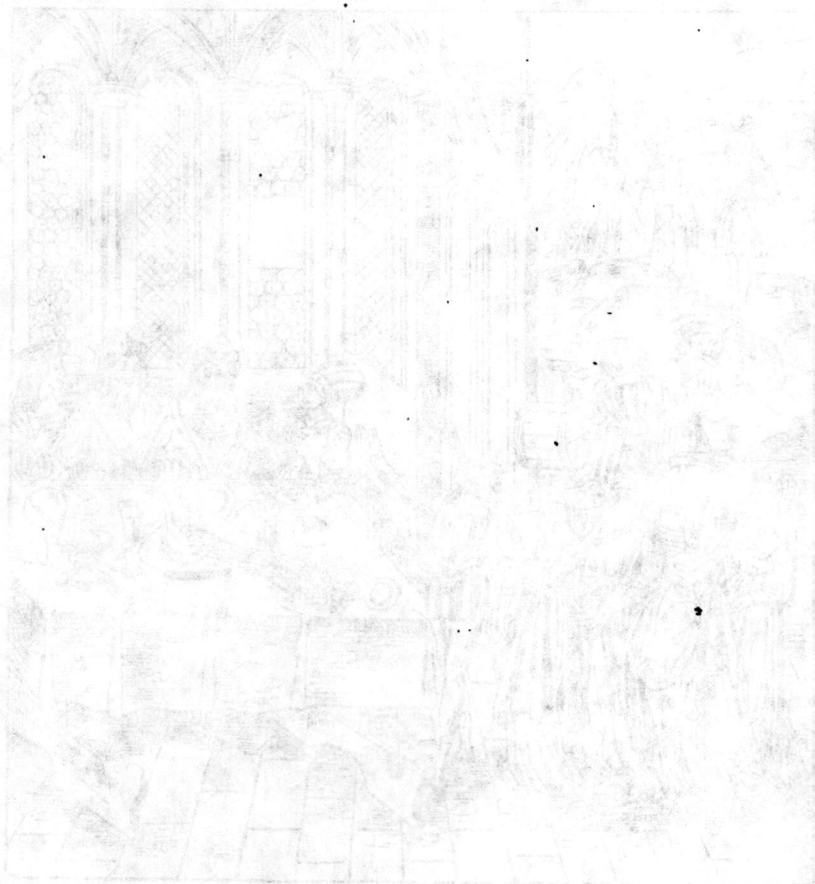

enthousiasme fut contagieux, et tout ce qu'il
y avait là de princes et de gentilshommes fit
assaut de vœux extravagants. M. de Pons s'en-
gagea même à ne pas coucher dans un lit le
samedi de chaque semaine jusqu'à ce qu'il eût
occis un Sarrazin.

Bien entendu, aucun de ces serments ne fut
tenu. Le duc de Bourgogne, après avoir levé
de grosses sommes dans ses États sous le pré-
texte de cette nouvelle croisade, jugea plus
prudent d'y renoncer; et ce lion, si terrible à
table, laissa tranquillement Mahomet II battre
le chien auquel il avait promis protection.
Notez qu'il fit très bien, comme le prouve la
morale de cette histoire. En effet, sous le règne
de Mahomet, la riche Byzance reprit toute sa
splendeur. Le vainqueur finit par accorder
aux vaincus le libre exercice de leur religion;
il leur rendit une partie de leurs églises confis-
quées, et pour mettre le comble à leur félicité,
leur permit d'élire un patriarche. Quant à
Philippe, après avoir épuisé la Bourgogne
pour fournir au luxe de sa cour et à ses pro-
digalités, il mourut insolvable. Les meubles
de ses palais furent vendus aux enchères, et
sa veuve renonça à sa succession, en dépo-
sant, suivant l'usage, sa ceinture, ses clefs et

sa bourse vide sur le tombeau de son époux [1].

Après cet émouvant entremets, on apporta les liqueurs et les épices, « lesquelles espices estoyent en sept dragouers, dont la plus-part estoyent de pierreries; » et la fête s'acheva entre deux et trois heures du matin.

On a vu que l'art de fabriquer des automates était arrivé à un degré de perfection qu'il n'a guère dépassé. Au cours du banquet donné par le comte de Foix à des ambassadeurs de Ladislas d'Autriche, les convives eurent le spectacle d'un écuyer qui, monté sur un cheval de bois, lui fit exécuter tous les mouvements, toutes les évolutions auxquelles eût pu se prêter un cheval véritable [2].

Pour en finir avec ce sujet, j'emprunte encore à Olivier de la Marche, qui était fort curieux de ces sortes de divertissements, la description d'un des nombreux entremets donnés à l'occasion des noces de Charles de Bourgogne avec Marguerite d'York :

... Assez tost après, entra parmy la salle deux géans d'une merveilleuse grandeur, richement et estrangement habillés en armes; et estoyent embas-

[1] Voy. Sauval, *Antiquités de Paris*, t. II, p. 646.
[2] Voy. entre autres : Favyn, *Théâtre d'honneur et de chevalerie*, t. I, p. 573.

tonnés de merveilleux bastons. Et après eux venoit,
en leur conduitte, une baleine, la plus grande et la
plus grosse qui fut jamais veue par nuls entremets
et présens en un personnage. Ceste baleine avoit
bien soixante piés de long, et de hauteur si grande
que deux hommes à cheval ne se fussent point veus
l'un l'autre aux costés d'elle ; ses deux yeux estoyent
des deux plus grans mirouers que l'on avoit sceu
trouver. Elle mouvoit les aellerons, le corps et la
queüe par si bonne façon que ce sembloit chose
vive ; et en celle ordonnance marcha parmy la
salle, au son de trompettes et de clairons, jusques à
tant qu'elle eut fait un tour parmy la salle et
qu'elle fut retournée devant la table où mangeoyent
mon signeur et la plus grande signeurie. Et pres-
tement ouvrit ladicte baleine la gorge (qui estoit
moult grande), et tantost en saillit deux sirènes
ayans pignes[1] et mirouers en leurs mains, qui commencèrent une chanson estrange emmy la place.
Et au son de celle chanson saillirent l'un après
l'autre, en manière de morisques[2], jusques au
nombre de douze chevaliers de mer, ayans en l'une
des mains talloches[3] et en l'autre bastons[4] deffensa-
bles. Et tantost après commença un tabourin à jouer
dedans le ventre de la baleine ; et à tant[5] cessèrent
les sirènes de chanter et commencèrent à danser avec

[1] Peignes.
[2] Maures d'Espagne.
[3] Petits boucliers.
[4] Armes.
[5] A cet instant.

les chevaliers de mer. Mais entre eux se meut[1] une
amoureuse jalousie, tellement que le débat et
tournoy commença entre les chevaliers, qui dura
assez longuement. Mais les géans, à tous leurs
grans bastons les vindrent départir[2] et les rechacè-
rent dedans le ventre de la baleine, et pareillement les sirènes. Et puis recloït[3] la baleine la gorge,
et en la conduite des deux géans reprit son chemin
pour s'en retourner par où elle estoit venue. Et
certes ce fut un moult bel entremets, car il y avoit
dedans plus de quarante personnes[4].

Pour organiser des banquets comme ceux
que je viens de décrire, le souverain s'adressait
à ses ministres et aux gentilshommes les plus
lettrés qu'il y eût à la cour. Les entremets du
repas donné par Philippe le Bon en 1453 furent réglés sous la direction de Jean de Lau-
noy, un chevalier de la Toison d'or. « Et pour
ceste matière, dit Olivier de la Marche, se
tinrent plusieurs conseils, où furent appelés le
chancelier et le premier chambellan. Aussi
furent à ce conseil des plus grands et des plus
privés appelés; et après délibérations d'opi-
nions, furent les cérémonies et les mystères

[1] S'éleva.
[2] Séparer.
[3] Referma.
[4] *Mémoires*, p. 549.

conclus tels qu'ils se devoyent faire [1]. »

Les entremets ne furent abandonnés que vers la fin du dix-septième siècle. Mais la mécanique fit peu de progrès depuis le quinzième, et l'on dut se borner à exagérer encore le luxe des décorations et des costumes [2].

Constatons en passant que les monte-plats étaient déjà connus en 1407. Guillebert de Metz [3], qui nous a laissé une curieuse description de l'hôtel alors habité par Jacques Duchié, nous apprend que « par dessus tout l'ostel estoit une chambre carrée où estoyent fenestres de tous costez pour regarder par dessus la ville. Et quand on y mengeoit, on avaloit [4] vins et viandes à une polie [5], pour ce que trop hault eust esté à porter [6]. »

[1] *Mémoires*, p. 478.

[2] Sur quelques entremets célèbres, postérieurs au quinzième siècle, on peut consulter : Godefroy, *Le cérémonial françois*, t. I, p. 371. — Brantôme, édit. Lalanne, t. VI, p. 344. — Palma Cayet, *Chronologie septénaire*, édit. Michaud, t. XIII, p. 117.— *Les plaisirs de l'île enchantée*, 1664, in-folio. — *Relation de la fête de Versailles* en 1668, dans les œuvres de Molière, t. VI, p. 614.—*La feste de Chantilly*, supplément au *Mercure galant* de septembre 1688, etc., etc.

[3] *Description de Paris*, édit. Le Roux de Lincy, p. 200.

[4] Descendait.

[5] Poulie.

[6] Les ascenseurs datent du dix-septième siècle. Une *Mazarinade* célèbre (*Inventaire des merveilles du monde ren-*

Il n'y avait pas de festin solennel sans musique. Dix ou douze artistes, placés à l'extrémité de la salle, s'efforçaient de charmer les
oreilles des convives[1]. Ils ne pouvaient être
fournis que par la corporation des ménétriers,
devenue plus tard celle des *maîtres à danser
et joueurs d'instruments*[2]. La conversation n'en
allait pas moins son train[3], entremêlée de
bons contes à rire : « Les propos honnestes
et plaisants, écrit G. de Rebreviettes[4], sont la

contrées dans le palais du cardinal Mazarin, 1649, in-4°)
cite parmi les curiosités du palais Mazarin « une chaise
dans laquelle si quelqu'un s'assied, par des ressorts inconnus tirant une corde il descend ou monte, les planchers
estant percez pour cet effet. » Mazarin ne tarda pas à
avoir des imitateurs (Tallemant des Réaux, t. VI, p. 58),
bien que la construction de ces appareils laissât fort à
désirer (voy. une anecdote racontée dans le *Furetiriana*,
p. 159). Ils furent surtout perfectionnés par l'ingénieux Vil-
layer, un académicien qui avait plus de goût pour la mécanique que pour les lettres. Saint-Simon (*Notes sur le Journal de Dangeau*, t. III, p. 295) lui attribue à tort l'inven-
tion de « ces chaises volantes, qui par des contre-poids
montent et descendent seules entre deux murs à l'étage
qu'on veut, en s'asseyant dedans par le seul poids du corps,
et s'arrêtent où l'on veut. » Il y avait déjà des ascenseurs
de ce genre à Paris, à Versailles, à Chantilly, etc.

[1] *Relation du festin donné à la reine Catherine*, p. 422.
— Artus d'Embry, p. 101.

[2] Voy. son histoire dans la *Bibliothèque de l'école des
chartes*, t. III et IV.

[3] Artus d'Embry, p. 108 et suiv.

[4] Page 124.

meilleure saulce des viandes aux banquets, »
et c'est madame de Thianges, sœur de madame de Montespan, qui dit la première ce
joli mot « qu'on ne vieillit point à table [1]. »

On s'animait surtout au dessert. C'était le
moment des chansons grivoises, le moment
aussi où les poètes favoris de l'amphitryon
étaient tenus de payer leur écot, soit en réci-
tant leurs vers les plus nouveaux, soit en di-
vertissant la société par quelque scène bouf-
fonne. Montfleury ose bien accuser Molière
d'avoir été quêter ainsi des dîners :

> Il a joué cela vingt fois au bout des tables,
> Et l'on sçait dans Paris que, faute d'un bon mot,
> De cela chez les grands il payoit son escot [2].

La petite bourgeoisie suivait l'exemple.
Une jeune personne bien élevée devait, sans
se faire prier, chanter la romance qu'elle
avait consciencieusement travaillée pour la
circonstance [3].

[1] Madame de Caylus, *Mémoires*, p. 99.
[2] *L'impromptu de l'hostel de Condé*, sc. III. Dans ses
OEuvres, t. II, p. 843.
[3] Voy. Mercier, *Tableau de Paris*, ch. 323, t. IV, p. 115.

CHAPITRE II

SERVICE DES BOISSONS.

Comment on servait à boire et comment on buvait. — Où étaient placés les bouteilles et les verres. — Les repas *à la clochette*. — Boissons tièdes. — Boissons glacées. — Usage de boire à la santé. — Est-il hygiénique de s'enivrer de temps en temps? — L'ivrognerie à la cour. — Le vin de Champagne. — Les *Coteaux*. — L'eau-de-vie. — La bière et les liqueurs.

Les vases à boire et les vaisseaux destinés à contenir des boissons étaient au moyen âge si variés, qu'il est bien difficile aujourd'hui d'assigner à chacun son nom et son usage. Hanaps, coupes, tasses, gobelets, creusequins, pintes, quartes, justes, chopines, pots, brocs, flacons, godets, pichiers, ampoules, buires, doubleaux, grolles, cailliers, cimarres, bouteilles [1], hydres, aiguières, estamoies, etc., présentaient autant de diversité dans leur forme que dans les matières employées pour

___

[1] En cuir, en argent, en verre.

leur fabrication : or, argent, madre, cristal, jais, verre, albâtre, marbre, étain, cuivre, cuir, terre cuite, érable, houx, hêtre, platane, tremble, etc., etc.

Jusqu'au milieu du seizième siècle, il n'y avait souvent qu'un seul verre pour toute la table ; aussi un homme bien élevé devait-il, avant de boire, essuyer sa bouche à la serviette ou à la nappe[1]. Si l'on dînait chez un hôte plus riche, et qu'il y eût un verre pour deux convives, on recommandait de le vider complètement chaque fois que l'on buvait, afin de ne pas laisser de restes à son voisin[2].

En toute circonstance, il fallait ne pas boire la bouche pleine, prendre le verre avec trois doigts, le lever d'une seule main, et autant

[1] « Antequam bibas, præmande cibum, nec labra admoveas poculo, nisi prius mantile aut linteolo abstersa, præsertim si quis suum poculum tibi porrigit, aut ubi de communi bibitur poculo. » (Érasme, *De civilitate morum*, p. 48.) — Pierre Saliat (1537) traduit ainsi cette phrase : « Avalle ton morceau devant que tu boyves, et n'approche le verre de ta bouche que tu ne l'ayes premièrement essuyée avec la serviette, spécialement si quelqu'un te présente son verre, ou si l'on boit en ung commun hanap » (p. 65, verso).

[2] « Si vitrum sit paulo plenius, deme partem vini, ne quid ubi biberis supersit quod is qui tecum accumbit nolit bibere. » *Civilité* de Jean Sulpice, commentée par G. Durand, p. 31. Voy. ci-dessous, p. 186.

que possible le vider d'un trait[1]. Parfois,
pendant que les dames buvaient, un valet leur
tenait une assiette sous le menton pour éviter
qu'elles ne tachassent leurs vêtements[2].

Les pauvres allaient remplir la tasse ou le
gobelet commun au tonneau établi dans un
coin de la pièce. Chez les riches, les verres
ne figuraient pas sur la table. Ils restaient
sur le buffet, avec les vases, fontaines ou
barils contenant les boissons. La partie supérieure des barils formait couvercle et était
munie d'une serrure ; on les vidait au moyen
d'un robinet. Ils étaient le plus souvent con-
struits en bois précieux, couverts d'ornements
d'or ou de vermeil. On y enfermait non seulement des vins, mais des liqueurs, des eaux de
senteur, des sauces, de l'huile, de la moutarde
même. Les fontaines, objets d'art d'une grande
richesse, se divisaient en compartiments qui
fournissaient chacun un liquide différent. Un
orfèvre de Paris, nommé Guillaume Boucher,
avait fabriqué pour le Khan de Tartarie une
fontaine de ce genre, dont le voyageur G. de

---

1 « Sume pocula tribus digitis. Una manus sumat pateram. Plena aliquo vita sit tibi bucca cibo. Non facies binos
haustus. » *Civilité* de Jean Sulpice, p. 29 à 31.

2 Artus d'Embry, p. 106. — Le *Philaret*, p. 64.

Ruysbroeck nous a conservé une enthousiaste description [1].

Au dix-septième siècle, le nombre des verres égalait celui des convives, mais verres et bouteilles étaient encore bannis de la table. Quand on voulait boire, il fallait faire signe à un valet; celui-ci prenait un verre sur le buffet, le remplissait, le présentait dans une assiette [2], attendait qu'il fût vidé, et le reportait alors où il l'avait pris [3]. Cette dernière opération était la plus délicate, car le même verre devait, autant que possible, servir pour la même personne pendant tout le repas. Il importait donc de ranger les verres dans un ordre convenu, afin de pouvoir reconnaître celui de chaque convive.

Le marquis de Rouillac, mort en 1662, est le premier gentilhomme qui eut l'idée de renvoyer ses gens, et de manger tranquillement sans laquais, comme on le fait aujourd'hui dans la petite bourgeoisie. Tallemant des Réaux raconte cette bizarrerie avec sa verve habi-

[1] Voy. P. Bergeron, *Relations des voyages en Tartarie*, p. 144 et 187.

[2] Parfois aussi, ce service était fait, à gauche du convive, par deux valets, l'un tenant le verre, l'autre une bouteille et une carafe.

[3]
Cent beaux valets, de compte fait,
Servoient au superbe buffet.
Scarron, *Virgile travesty*, liv. I, p. 77.

UN REPAS AU DIX-SEPTIÈME SIÈCLE.

D'après Abraham Bosse.

tuelle, et l'on voit bien qu'il tient Rouillac
moins pour un original que pour un fou : « Il
n'est point, dit-il, devenu sage en vieillissant.
Il luy prit, il y a quelque temps, une vision
de manger tout seul, et de ne vouloir pas
qu'aucun de ses gens le serve à table, disant
qu'il n'a que faire que ses gens luy voyent
remüer la maschoire, et qu'il veut- péter s'il
en a envie. Son pot et son verre sont sur la
table comme sa viande ; il a une clochette, et
il sonne quand il a besoin de quelque chose[1]. »
Ainsi furent inaugurés les repas dits *à la clochette*. « On fait, dit Dangeau[2], mettre une
petite table auprès de la grande, où il y a des
verres, des assiettes, du vin et de l'eau, et
une clochette pour appeler quand il faut qu'on
desserve. » Quelques grandes dames et quelques libertins s'amusèrent parfois à manger
de cette façon sans témoins ; mais ce n'était
pas là le fait de gens sérieux. Le marquis de
Rouillac fut trouvé fort ridicule, et nul n'osa
suivre son exemple, pas même les personnes
qui en avaient le plus envie, la duchesse d'Orléans par exemple, qui écrivait en 1707[3] :

[1] *Historiettes*, t. VI, p. 449.
[2] *Journal*, 21 janvier 1702, t. VIII, p. 297.
[3] Lettre du 3 mars, t. I, p. 96. — Elle écrit encore le

« Je mange toute seule toute l'année, mais je me dépêche autant que possible, car rien n'est ennuyeux comme d'avoir autour de soi vingt valets qui regardent ce que vous vous mettez dans la bouche et qui comptent tous les morceaux que vous avalez. »

L'usage de laisser sur la table les bouteilles et les verres commença à s'établir vers 1760. Au mois de septembre de cette année, Louis XV offrit dans le château de Choisy un repas à quelques prélats : « Le Roi, dit Barbier[1], a eu la bonté de servir du vin plusieurs fois à M. l'archevêque de Paris, *parce que les bouteilles étoient sur la table,* ce qui se pratique soit aux maisons de campagne, soit aux petits soupers particuliers du Roi à Versailles, à cause de la difficulté du service. » En somme, cette coutume ne se généralisa pas avant la Révolution. On lit dans une *Civilité* imprimée en 1782[2] : « Il faut disposer les verres et les goblets sur le buffet ou sur une petite table couverte d'un linge blanc, de telle manière

20 septembre 1714 (t. I, p. 146) : « Je ne trouve rien de plus ennuyeux que d'être seule à table, entourée de gens qui regardent ce que vous vous mettez dans la bouche. »

[1] *Journal*, 27 septembre 1760, t. VII, p. 302.

[2] J.-B. de La Salle, *Règles de la bienséance et de la civilité*, p. 98 et 99.

qu'on ne puisse pas les changer facilement
lorsqu'on voudra les présenter.... Lorsqu'on
présente à boire à quelqu'un, il faut donner
le verre ou le goblet à la personne qui veut
boire, en le présentant sur une assiette, et
verser à boire doucement, tenant la bouteille
de la main droite[1], et verser jusqu'à ce que
celui qui veut boire lève son verre pour faire
connaître qu'il n'en veut pas davantage. » Six
ans plus tard, Mercier écrivait encore : « Y
a-t-il une coutume plus impertinente que celle
de demander à boire à un laquais, de boire de
côté, de ne pouvoir mesurer ni son eau ni son
vin, et quand la soif vous prend, d'attendre un
valet? Comment a-t-on séparé le boire du
manger? Riches, mettez carafons et bouteilles
sur la table. Je voudrois qu'il y eût une con-
spiration générale parmi les gens aimables de
ne jamais dîner chez ceux qui ne mettent pas
carafons d'eau et de vin sur la table[2]. »

Au reste, que les verres fussent placés sur
le buffet ou sur la table, on en était venu,
même chez les ouvriers, à avoir chacun le
sien. Le voyageur anglais Arthur Young le

---

[1] Saliat, en 1537, recommande déjà de ne pas verser à
boire de la main gauche. Voy. sa *Civilité*, p. 6).

[2] *Tableau de Paris*, t. XI (1788), p. 99.

constatait en ces termes : « Dans toutes les
classes, on trouve de la répugnance à se servir
du verre d'un autre : chez un charpentier, un
forgeron, chacun a le sien[1]. »

Suivant une habitude fort ancienne dans les
couvents[2], on faisait tiédir les boissons durant
l'hiver. Bruyerin Champier nous apprend que
de son temps (vers 1560) cet usage était
très répandu, même parmi le peuple. Tantôt,
dit-il, on met le liquide sur le feu, tantôt on y
jette du pain grillé, tantôt on y trempe une
barre de métal rougi. Tout médecin qu'il était,
il n'ose blâmer cette coutume. J'ai connu,
ajoute-t-il, beaucoup de personnes qui mouil-
laient leur vin avec de l'eau bouillante, et qui
n'en sont pas moins parvenues à une extrême
vieillesse, « ad summam senectutem[3]. » Nous
savons par son confrère Pierre Gontier, qui
vivait cent ans plus tard, que cette habitude
commençait alors à se perdre[4]; il la considérait cependant comme salutaire, surtout pour
les vieillards et les gens délicats[5].

---

[1] *Voyage en France* (1790), trad. Lesage, t. I, p. 369.
[2] Dom Calmet, *Commentaire sur la règle de saint Be-
noît*, t. I, p. 535.
[3] Bruyerinus Campegius, *De re cibaria*, lib. XVI, p. 891.
[4] « Quanquam hodie quam olim rarior sit usus. »
[5] *Exercitationes hygiasticæ*, lib. II, cap. xii, p. 54.

En été, on recherchait les boissons fraîches,
et le moyen âge possédait des vases spéciaux
appelés *refredoers*. Ils furent d'abord en cuivre,
puis en terre, et ces derniers ne paraissent pas
antérieurs aux croisades : « Quant, dit Joinville [1], nous la pendiens en poz de terre blans
que l'en fait ou païs, aus cordes de nos paveil-
lons [2], l'yaue devenoit ou chant du jour [3] froide
comme de fonteinne. »

L'art de construire des glacières à peu près
semblables aux nôtres était, paraît-il, connu
en Turquie longtemps avant le seizième siècle.
Belon, revenant d'Orient vers 1580, s'éton-
nait qu'on n'eût pas encore eu l'idée d'en
établir en France [4]. Il existait pourtant déjà
dans l'Orléanais et dans l'Auvergne des caves
si profondes et si fraîches qu'on en pouvait

---

1 Édit. de Wailly, 1868, p. 67.
2 De nos tentes.
3 A la chute du jour.
4 « Après qu'il a bien neigé et glacé, lorsque le vent de
bise est en sa grande vigueur, les Turcs recueillent de la
neige, en emplissans certaines maisons faites en voûte ou
bien en terrasse qu'ils auront expressement faites à cela, en
un lieu moins méridional, comme pourroit estre en bas lieu,
derrière quelque haut mur ou à l'abri d'une colline; et faut
faire de la neige tout ainsi comme qui voudroit faire un
mur de massonnerye, y mettant de la glace parmy. Cela
demeurera plus de deux années sans se fondre. Il est certain que cela se pourroit aussi bien faire en France, car

tirer du vin presque glacé[1] ; mais en général
on ne savait refroidir les liquides qu'en les
laissant séjourner dans l'eau extraite d'un puits
ou d'une fontaine. Bruyerin Champier, qui
accompagna François Ier à Nice lors de son
entrevue avec Paul III et Charles-Quint,
raconte qu'au cours des négociations, les Italiens et les Espagnols envoyaient ramasser de
la neige sur les montagnes voisines, afin de
rafraîchir leurs boissons[2]. François Cauche
parle de certains vases usités en Orient, et qui
avaient la propriété de maintenir fraîche l'eau
qu'ils contenaient, surtout lorsqu'on les expo-
sait à l'ardeur du soleil[3] ; et, s'il faut en croire
Brantôme[4], le secret de leur composition était
bien connu en Portugal.

Vers 1560, Jacques du Fouilloux conseillait
aux chasseurs qui voulaient boire frais pendant les haltes, de faire tremper les bouteilles

nous avons veu plusieurs régions en climat plus chaud que
celuy de France où on la garde tout l'esté. » P. Belon,
*Observations de plusieurs singularitez et choses mémo-
rables*, etc., édit. de 1588, p. 418.

[1] Br. Champier, p. 894.

[2] Br. Champier, p. 878.

[3] Voy. *Relation du voyage de Fr. Cauche*; dans C. Mo-
risot, *Relations véritables et curieuses de l'isle de Madagas-
car*, p. 98.

[4] Tome III, p. 175.

dans de l'eau additionnée d'un peu de cam-
phre[1]. Mais il est probable qu'à cette époque
on avait commencé à créer à Paris de véritables glacières. En effet, un des statuts ré-
digés par Artus d'Embry pour son île des hermaphrodites veut qu'en été on ait « tousjours
en réserve en lieux propres pour cest effect
de grands quartiers de glace et des monts de
neige pour mesler parmy le breuvage[2]. »
Tandis que l'hermaphrodite est à table, on lui
offre sur deux assiettes de la neige et de la
glace, « desquelles il prenoit, tantost de l'une
et tantost de l'autre, selon qu'il luy venoit à
sa fantaisie, pour les mettre dans son vin, afin
de le rendre plus froid[3]. » A la fin du siècle,
cette coutume de rafraîchir les boissons en y
ajoutant des morceaux de glace était encore
considérée comme le fait des « voluptueux ; »
c'est ce qu'établit un conte assez plat attribué
à Gaulard par Étienne Tabourot[4]. Elle était,
au contraire, devenue générale en 1665, puisque Boileau prêtait alors à la victime de son
festin burlesque ces paroles :

---

[1] *Traité de la vénerie*, édit. de 1585, p. 34.
[2] Page 61.
[3] Page 106.
[4] *Contes facétieux*, édit. de 1628, p. 16.

> Mais qui l'auroit pensé! Pour comble de disgrâce,
> Par le chaud qu'il faisoit nous n'avions point de glace.
> Point de glace, bon Dieu! dans le fort de l'été!
> Au mois de juin! Pour moi, j'étois si transporté
> Que, donnant de fureur tout le festin au diable,
> Je me suis vu vingt fois prêt à quitter la table[1].

Gourville, envoyé auprès du duc de Hanovre en 1681, reçut de lui « une machine d'or propre à mettre sur la table pour rafraîchir du vin à la glace. » Il la fit fonctionner devant madame de Montespan, qui lui en offrit neuf mille livres[2].

Sous Louis XV, il existait à Versailles, à Trianon et à Satory, des glacières pouvant contenir environ quatre cents toises cubes de glace. Chaque toise revenait à dix livres lorsque l'hiver était rigoureux, mais il y eut des années où elle coûta jusqu'à soixante-dix livres[3].

Que les boissons fussent chaudes, tièdes ou froides, il est certain que les Parisiens aimaient fort à boire, à se défier le verre en main, à porter des santés. Ne pas répondre sur-le-champ à toute provocation de ce genre, refuser de *pléger,* constituait une grave injure. Les

---

[1] Satire III, vers 81 et suiv.
[2] *Mémoires* de Gourville, édit. Michaud, t. XXIX, p. 577.
[3] *Mémoires* du duc de Luynes, 8 février 1737, t. I, p. 168. — Voy. aussi t. II, p. 13.

reproches que Philipot l'Enfumé adresse à Guillot le Bridé, dans les *Propos rustiques* de Noël du Fail[1], nous montrent quelles étaient, au seizième siècle, les exigences de la civilité entre ivrognes :

« N'avoir payé son escot; ains[2] sans dire mot à l'hoste s'en estre fuy[3], faisant semblant de s'en aller pisser.

« N'avoir plégé aucun quand il avoit beu à luy.

« Avoir joué de faulse compagnie[4], comme dire : « Attendez-moy icy, je reviendray tan-« tost. »

« Avoir tiré la langue sur aucun, puis luy venir rire en la bouche.

« Avoir disné sans son compagnon, que premier[5] n'eust esté appelé trois fois souz la table.

« Avoir entré en une taverne sans avoir baisé la chambrière, etc. »

Dans *Les contens* de Tournebu[6], Basile crie à Saucisson : « Dis à Eustache que tu as trouvé un

---

1 Édit. elzévirienne, t. I, p. 102.

2 Mais.

3 S'être enfui.

4 Avoir faussé compagnie.

5 D'abord.

6 Dans l'*Ancien théâtre françois*, édit. elzévir, t. VII, p. 172.

homme vestu de ses habits, qui va boire à luy
de bon courage, s'il est si hardy que de le pléger. » La veille de son exécution, Marie Stuart
« beut sur la fin du soupper à tous ses gens, »
leur commandant de la pléger, raconte Étienne
Pasquier[1]. « A quoy obeïssans, ils se mirent
à genouil, et meslans leurs larmes avecques
leur vin, beurent à leur maistresse, luy demandant humblement pardon de ce qu'ils la
pouvoient avoir offensée. » On voit qu'ici le
plégement représentait un adieu, une sorte de
communion avec la folle princesse, car il eût
été un peu tard pour boire à sa santé.

Parfois, on mettait au fond du verre une
croûte de pain rôtie, et le verre passait de
main en main avant d'arriver au convive à
qui l'on buvait. Celui-ci vidait le verre et mangeait la rôtie, appelée *toustée* ou *tostée*[2], d'où
nous avons fait le mot *toast*. Au reste, toute
croûte de pain rôtie était une tostée[3]. Dans
l'*Histoire du petit Jehan de Saintré*[4], il est question de tostées « à l'hypocras blanc, à la

---

[1] *Recherches sur la France*, t. I, p. 580. — Voy. aussi
p. 875.
[2] De *tostus*, part. passé de *torrere*, griller, rôtir.
[3] Voy. Ducange, *Glossaire*, vº *Tostea*.
[4] Édit. Guichard, p. 230, 233 et 234.

pouldre de duc[1], au vin blanc et au verjus
d'oranges rouges. » On prenait des tostées
aussi bien le matin en se levant que le soir en
se couchant :

> N'auray-je pas une toustée
> Au beurre, mon maistre, pour grignoter[2],

dit Jenninot qu'on vient d'habiller. Et Jean le
Houx, vantant les bienfaits du vin clairet,
espère que sa femme se montrera complai-
sante :

> Ma femme agréera volontiers
> Qu'elle et moy en ayons un tiers[3]
> Tous les soirs avant la rostie[4].

L'action de se défier à boire, de porter des
santés, de s'enivrer, était désignée par le verbe
carousser ou *faire carousse*. Brantôme l'a
employé après Rabelais. Mais cette expression,
comme celle de *pléger*, était déjà vieille[5] au

---

[1] Mélange de gingembre et de clous de girofle. La recette
est dans Taillevent.
[2] *Ancien théâtre françois*, t. I, p. 300.
[3] De vin.
[4] *Vaux de Vire*, p. 183.
[5] Voy. pourtant l'ouvrage suivant, publié à Toul en 1612
par le médecin J. Mousin : *Discours de l'yvresse et yvrongnerie, auquel les causes, nature et effects de l'yvresse
sont amplement déduictz, avec la guérison et préservation
d'icelle. Ensemble la manière de carousser et les combats
bachiques des anciens yvrongnes. Le tout pour le contentement des curieux. — Les secrets du seigneur Alexis* four-

moment où écrivait Pasquier. Toutes deux
allaient être remplacées par le mot *trinquer*,
qui est venu jusqu'à nous. On le trouve déjà
dans Rabelais [1] et dans Olivier Basselin [2], et
Furetière [3] le définit ainsi : « Boire en dé-
bauche, en se provoquant l'un l'autre. »

Basselin emploie aussi l'expression *boire
à tire-larigot* [4], dont Noël Taillepied a
donné une étymologie [5] aussi célèbre que

---

nissent également divers procédés *pour ne se point enyvrer,
quand bien on boiroit tous le jour vin pur et beaucoup.*
Voici l'un des plus simples : « Un quart d'heure avant que
de se mettre à table, est bon de manger deux ou trois
noyaux de pesches ou d'amandes amères, puis boire un
demy verre d'huile d'olives ou d'amandes douces. Qu'on
mange alors et boive autant qu'on voudra, on ne se pourra
enyvrer. » Édition de 1691, p. 315.

[1] *Pantagruel*, liv. III, prologue.
[2] Édit. Paul Lacroix, p. 82.
[3] *Dictionnaire*, t. III.
[4] Il faut boire, comme on dit, qui sa mère ne tette.
[5] Puisque sommes tous sevrez, beuvons donc de ce bon piot.
  Et rinsant nos gosiers, avallons nos miettes.
        Et vuide le pot,
        Tire-la-Rigot.
                    (*Vaux de Vire*, p. 43.)
[5] « A l'une des tours de l'église Nostre-Dame de Rouen,
y a une grosse cloche de grosseur admirable, voire tant
pesante à esbranler qu'il y faut douze hommes pour la sonner. Et pource que le temps passé, il escheoit bien de boire
avant que de la sonner, le proverbe commun est venu qu'on
dict d'un bon beuveur qu'il boit en tire-la-rigault. » (*Anti-
quitez et singularitez de la ville de Rouen*, édit. de 1610,

ridicule, fort bien réfutée par M. Littré[1].

Le seizième siècle avait emprunté aux Romains l'usage de boire à la santé d'une maîtresse autant de fois qu'il y avait de lettres dans son nom. Ronsard n'hésite pas à remplir neuf fois son verre en l'honneur de la belle fille de Blois qu'il adora pendant dix ans, et qu'il a immortalisée sous le nom de Cassandre :

> Neuf fois au nom de Cassandre,
> Je vais prendre
> Neuf fois du vin du flacon,
> Afin de neuf fois le boire
> En mémoire
> Des neuf lettres de son nom [2].

Colletet l'imite ainsi dans une de ses poésies bachiques :

> Six fois je m'en vay boire au beau nom de Cloris,
> Cloris le seul désir de ma chaste pensée,
> Et l'unique sujet dont mon âme est blessée [3].

Mais il est plus difficile de dire à qui s'adressent ces vers langoureux, car on sait que Colletet célébra successivement les trois cuisinières qu'il finit par épouser.

p. 157.) Ajoutons que cette cloche, nommée Rigault, avait sans doute été donnée à l'église par Odon Rigault, archevêque de Rouen en 1248.

[1] Au mot *Larigot.*
[2] *OEuvres,* édit. Blanchemain, t. VI, p. 374
[3] *Le poëte yvrongne,* édit. de 1631, p. 7.

Les ivrognes endurcis et ceux qui n'avaient
pas de maîtresse buvaient à leur propre nom.
C'est ce qui faisait dire à Olivier Basselin :

> Si le boire n'est pas bon
> Jean simplement j'auray nom,
> Mais si c'est beuvrage idoine [1]
> Mon nom sera Marc-Antoine [2].

En l'honneur d'une maîtresse ou autrement,
on se grisait beaucoup, et sans trop de scrupule. Des buveurs incorrigibles, mais timorés,
avaient proclamé l'ivresse un petit excès hygiénique qu'il était bon de renouveler une ou
deux fois par mois ; et cette séduisante doctrine avait si bien fait son chemin, que les plus
savants médecins se croyaient forcés de la
discuter, et souvent n'étaient pas loin de la
partager. Dès la fin du treizième siècle, le
célèbre Arnauld de Villeneuve examine cette
question, qui le rend très perplexe. Sans doute,
dit-il, l'ivresse a du bon : les sécrétions, les
sueurs et les vomissements qu'elle détermine
purgent le corps des humeurs nuisibles ; le
sommeil qui la suit a aussi le mérite de forti-
fier les fonctions naturelles en laissant reposer
les autres ; malgré tout, je pense qu'il faut

[1] Convenable.
[2] *Vaux de Vire*, p. 36.

craindre d'en abuser, et je ne permets l'ivresse
bimensuelle qu'aux personnes dont le régime
est mauvais ; encore dois-je leur conseiller de
se borner à une ivresse légère, suffisante pour
provoquer le sommeil et pour dissiper toutes les
inquiétudes qu'une trop grande tempérance
pourrait leur inspirer : « debet igitur inebria-
tio esse debilis, quæ somnum inducat et solli-
citudinem circa moderantiam penitus amo-
veat [1]. »

Ces paroles pouvaient s'adresser aux deux
sexes, car en ce bon temps les femmes aimaient
le vin tout comme les hommes. Ainsi, le *Roman de la rose*[2], indiquant la conduite à suivre
pour une maîtresse de maison le jour où elle
donne à dîner, lui recommande de ne se point
griser :

> Et bien veille que ne s'enivre,
> Car ni l'homme ni la femme ivre
> Ne sauroient garder un secret.
> Quand femme en tel état se met,
> Plus n'est en elle de défense,
> Elle dit tout ce qu'elle pense,
> Et de tous est à la merci.

Philippe de Maizières nous apprend que le

---

[1] *Arnaldi de Villanova opera*, édit. de 1505, in-folio,
p. 85 v°.
[2] Vers 14, 191 et suiv. Édit. P. Marteau, t. III, p. 242.

sage roi Charles V mettait un tiers d'eau dans
son vin. « Au commencement de son disné,
il emploit[1] une petite coupe deux fois de vin
et une fois d'eau, et versoit tout ensemble en
ung pot d'argent, et ne beuvoit autre chose
tout le disné. Ladite coupe estoit bien petite,
et doit estre en la tour du Bois[2]. » Christine de
Pisan lui rend le même témoignage. Il avait
adopté, dit-elle, un vin clair, sain et non capiteux, il n'en buvait que fort peu, jamais pur,
et n'en changeait point : « vin cler et sain,
sans grant fumée, buvoit bien trempé, et non
foison, ne de divers[3]. »

François Ier se montra fort dur vis-à-vis
d'un vice que par hasard il ne cultivait pas.
Son ordonnance d'août 1536 veut que « qui-
conque sera trouvé yvre » soit détenu pri-
sonnier au pain et à l'eau pendant un laps de
temps qui n'est pas indiqué. En cas de réci-
dive, le coupable sera « battu de verges ou de
fouet par la prison. » S'il recommence, on le
fustigera publiquement. Enfin, s'il est incor-

---

[1] Il emplissait.
[2] *Le songe du vieil pélerin.* Voy. les *Mémoires de l'Académie des inscriptions*, t. XVI (1751), p. 229. — La tour
du Bois était une des tours du Louvre.
[3] Édit. Michaud, t. I, p. 610.

rigible, il « sera puni d'amputation d'aureille,
et d'infamie et bannissement de sa personne[1]. »
Ces menaces n'empéchent pas Grandgousier
d'admirer son petit Gargantua « escorchant
chaque matin le regnard[2], » et Jenin Landore
de dire gentiment à son curé :

> Vous estes yvre et gourmant,
> Parquoy vous vivrez longuement[3].

Ceci ne faisait doute pour aucun des « beu-
veurs très illustres » et des « gaillards pions[4] »
à qui s'adressait Rabelais.

> Dieu a commandé de sa main
> Qu'on se doibt au matin lever
> Pour bien arrouser le gosier :
> Car qui bien boit longuement vit[5] ;

C'est là un article de foi dans la vie privée
et dans les farces qui ont la prétention de
peindre les mœurs du temps.

---

[1] Isambert, *Anciennes lois françaises*, t. XII, p. 525.

[2] *Gargantua*, liv. I, chap. XI.

[3] *La résurrection de Jenin Landore, farce très bonne et
fort joyeuse*, dans Viollet-le-Duc, *Ancien théâtre françois*,
t. II, p. 30.

[4] Ménage, dans son *Dictionnaire étymologique* (t. II,
p. 324), fait venir pion de *potus*, boisson. Voy. Rabelais,
liv. II, ch. XXVII ; Villon, *Grand Testament*, § 73 ; *Sermon
joyeux de bien boyre*, dans l'*Ancien théâtre françois*,
t. II, p. 6.

[5] *Sermon joyeux de bien boyre*.

Le poète Régnier pose en principe qu'

Un jeune médecin vit moins qu'un vieil ivrogne [1],

et, comme il mettait ses actes d'accord avec ses paroles, s'il n'a pas vécu un siècle, c'est qu'il fréquentait assidûment d'autres endroits que les cabarets.

A la Faculté de médecine, on se demandait encore si se griser de temps en temps était une précaution hygiénique ou un excès nuisible; et je crois bien que, comme aujourd'hui pour le tabac, chaque docteur résolvait la question suivant son tempérament et ses habitudes personnelles. Le savant Jacques Dubois, qui regardait le vin comme un admirable remède, même contre la fièvre [2], n'hésite pas à affirmer que, « pour garder que les forces de nostre estomach ne s'apparessent, il est bon une fois le mois les esveiller par un excez de vin [3]. » Cette théorie avait cela d'agréable qu'elle permettait à ses partisans de se griser sans remords, et aux médecins qui la professaient de compter parmi leurs disciples tous ceux de Bacchus, ce qui leur constituait une belle

[1] *Satire* X.
[2] Voy. *J. Sylvii opera*, éd. de 1630, p. 389.
[3] Voy. Montaigne, *Essais*, liv. II, chap. II.

clientèle. La doctrine paraît cependant avoir
été de plus en plus abandonnée. Au mois de
mars 1643, l'étudiant Pierre Moriau prenait
pour sujet de thèse : *An singulis mensibus
repetita semel ebrietas salubris?* et il concluait
négativement. En mars 1665, Charles le Long
choisissait le même sujet, et il concluait ainsi :
« Nunquam igitur salubris ebrietas [1]. » Dans
l'intervalle, le licencié Michel Denyau avait dû,
le 25 juin 1658, discuter la question suivante,
qui lui était posée par le chancelier : *An cu-
randæ quartanæ conveniat ebrietas* [2] ?

Mais le public ne s'inquiétait guère des dé-
cisions de la Faculté. Depuis la fin du seizième
siècle jusque vers le milieu du dix-huitième,
l'ivrognerie fut à la mode, même dans les
classes les plus élevées de la société. Si l'on
veut des preuves, on peut puiser à pleines
mains dans les œuvres dramatiques et dans les
mémoires du temps.

Un bon prélat, le sixième des frères de
Guise, fut surnommé le *cardinal des bouteilles*,

[1] Ces deux thèses font partie de l'immense collection que
possède la Faculté de médecine : *Thèses de baccalauréat*,
n° 914. *Thèses cardinales*, n° 1167.
[2] *Quæstionum medicarum quæ circa medicinæ theoriam
et praxim agitatæ sunt series*, 1752, in-4°, p. 45.

et ce n'était pas sans raison[1]. La phrase proverbiale *mettre de l'eau dans son vin* n'avait pas
encore pris naissance; on préférait alors en
mettre *sur son feu* : « Nicolas Roland, voué
avec une passion incroyable au fait de la Ligue,
commença à mettre de l'eau sur son feu après
avoir accompli les deux ans de son esche-
vinage[2]. »

Montaigne, ennemi de l'ivrognerie, « vice
lasche et stupide, » constate toutefois que de
son temps on buvait moins qu'aux siècles pré-
cédents, et il se demande si ce « seroit qu'en
quelque chose nous allassions à l'amendement.
Vrayement non. Mais ce peut estre que nous
nous sommes plus jettez à paillardise que nos
pères. Ce sont deux occupations qui s'entre-
peschent en leur vigueur[3]. » Joseph Duchesne,
médecin de Henri IV, ne croit pas non plus
que le monde se soit amendé. « Le desbor-
dement est aujourd'hui si grand, écrit-il, et la
gueule et l'yvrongnerie si commune et si usitée
qu'on fait un dieu de la pance[4]. »

[1] Lestoile, *Journal de Henri III*, 29 mars 1578, édit.
Michaud, t. XIV, p. 96.
[2] Ét. Pasquier, *Lettres*, liv. XVII, lettre 2; édit. de 1723,
t. II, p. 488.
[3] *Essais*, liv. II, chap. II.
[4] *Le pourtraict de la santé* [1606], p. 347.

Louis XIII buvait son vin « fort trempé[1]. »
Louis XIV ne but jamais de vin pur, ni aucune
liqueur alcoolique[2]. Quelque bonne volonté
qu'il y eût mis, ce n'est toujours pas pendant ses repas qu'il eût pu se griser, à moins
de rompre avec l'étiquette, ce dont il n'était
guère capable. Suivant un cérémonial réglé
par lui-même, voici ce qui se passait quand
le roi, mangeant seul, avait soif :

Au petit couvert lorsque le Roy demande à boire,
le Contrôleur ordinaire en avertit le Chef d'échansonerie-bouche qui prépare et porte la soucoupe[3],
précédé de l'Aide d'échansonerie-bouche qui porte
l'essay[4]. Sur cette soucoupe sont les deux caraffes
garnies de vin et d'eau et le verre couvert. Le Chef
d'échansonerie-bouche la présente au Grand-Cham-
bellan, au Premier Gentilhomme de la chambre,
au Grand-Maître de la garde-robe, ou au Maître de
la garde-robe, enfin à celui d'entre eux qui sert le
Roy, qui fait faire l'essay à cet officier. Le Roy
ayant bu, et le verre et la soucoupe étant rendus au
Chef d'échansonerie-bouche, il reporte le tout au
buffet[5].

[1] Voy. Héroard, *Journal*, t. II, p. 316 et *passim*.
[2] Saint-Simon, *Mémoires*, t. XI, p. 386 ; *Ecrits inédits*,
t I, p. 85.
[3] Elle était en or.
[4] Petite tasse de vermeil.
[5] Trabouillet, *État de la France pour* 1712, t. I, p. 103.

Quel remède contre l'ivrognerie! Et c'était bien autre chose les jours de grand couvert[1]!

Louis XV aimait le vin, et le supportait mal. Les indigestions royales, qu'enregistre si souvent Marais dans son *Journal,* ne sont que des suites d'ivresses.

Le Régent se grisait très régulièrement. « Chaque souper, dit Duclos, étoit une orgie. Là, régnoit la licence la plus effrénée; les ordures, les impiétés étoient le fond et l'assaisonnement de tous les propos, jusqu'à ce que l'ivresse complète mît les convives hors d'état de parler et de s'entendre. Ceux qui pouvoient encore marcher se retiroient, l'on emportoit les autres; et tous les jours se ressembloient. Le Régent, pendant la première heure de son lever, étoit encore si appesanti, si offusqué des fumées du vin, qu'on lui auroit fait signer ce qu'on auroit voulu[2]. » Saint-Simon reconnaît néanmoins que, « même au

[1] « Celui qui sert d'échanson, lorsque le Roy a demandé à boire, aussitôt crie tout haut : *A boire pour le Roy!* fait la révérence à Sa Majesté, vient au buffet prendre des mains du Chef d'échansonerie-bouche la soucoupe d'or garnie du verre couvert, etc. » Voy. Trabouillet, t. I, p. 76.

[2] Duclos, *Mémoires secrets,* édit. Michaud, t. XXXIV, p. 502.

milieu de l'ivresse, ses roués n'ont jamais pu
rien savoir de lui tant soit peu important sur
quoi que ce soit du gouvernement[1], » et l'on
se rappelle la jolie réponse qu'il fit un jour à
l'indiscrète comtesse de Sabran[2]. Celle-ci, au
reste, se grisait aussi très volontiers, comme
la plupart des grandes dames de cette époque.
La princesse palatine écrit le 7 août 1699 :
« S'enivrer est chose fort commune chez les
femmes ; madame de Mazarin a laissé une fille,
la marquise de Richelieu, qui s'en acquitte à
la perfection. » Et le 29 avril 1704 : « L'ivrognerie n'est que trop à la mode parmi les
jeunes femmes. » Le 21 mai 1716 : « La duchesse de Bourbon peut boire beaucoup sans
être ivre ; ses filles veulent l'imiter, mais elles
n'y réussissent pas, et elles se trouvent bientôt
ivres. » Le 18 novembre 1717 : « Madame de
Berri boit de l'eau de vie la plus forte. » Le
12 décembre 1717 : « Madame de Montespan
et sa fille aînée peuvent boire considérable-
ment sans être ivres. Je les ai vues un jour
avaler des rasades du plus fort rossoli de Turin,
sans compter ce qu'elles avaient déjà bu ; je
pensais qu'elles allaient tomber sous la table,

[1] Tome XII, p. 443.
[2] Voy. Duclos, p. 538.

mais c'était pour elles comme de boire de l'eau [1]. »

Naturellement, ces habitudes n'étaient pas un privilège réservé aux dames. Les jeunes gens les imitaient, et se grisaient sans repentir. Le chevalier à la mode, de Dancourt, avait pour principal mérite « de boire et de prendre du tabac [2], » et l'aimable Valère de *L'obstacle imprévu* [3] se faisait une gloire de s' « enivrer de vin, de liqueurs et de tabac. » Au premier acte du *Dépositaire,* où Ninon de Lenclos joue le principal rôle, Voltaire s'exprime ainsi :

'COURVILLE.

Le père aime le vin.

NINON.

C'est un vice du temps,

La mode en passera [4].

Et elle commençait en effet à passer, surtout dans la classe aisée, vers 1767, année où cette comédie fut composé.

Avec quoi se grisaient si volontiers nos chers aïeux? Avec du vin presque exclusivement. Plus heureux que nous, ils possédaient

1 *Lettres,* t. I, p. 40, 75, 238, 348 et 357.
2 Acte I, scène v. Année 1687.
3 Par Destouches. Acte I, scène I. Année 1717.
4 Scène I.

des vignes saines ; et ils les avaient sous la main, puisque, comme je l'ai dit ailleurs[1], les vins qu'ils préféraient étaient ceux de Paris, de Meudon, de Montmartre, de Sèvres, de Saint-Cloud et de Suresnes. Mais quoi? il n'y a pas en ce monde de bonheur parfait. Ces breuvages exquis, ils n'avaient pas l'esprit de les conserver, et jusqu'au milieu du dix-huitième siècle ils ignorèrent les charmes du vin vieux. En 1560, Bruyerin Champier parle avec admiration d'un cru de Bourgogne dont les produits pouvaient se garder pendant six ans.[2] En 1741, on considérait encore comme *usés* les meilleurs vins quand ils avaient passé cet âge[3]. On finit par résoudre ce problème, et aussi d'autres plus compliqués, car dès le milieu du dix-huitième siècle, on se mit à fabriquer « des vins de Bourgogne avec le raisin d'Orléans et même sans raisin[4], » industrie qui n'a pas cessé de prospérer.

La couronne possédait autour d'Orléans des vignes immenses, mais le vin qu'elles pro-

[1] Voy. *L'annonce et la réclame*, p. 69 et suiv.
[2] *De re cibaria*, lib. XVII, cap. v, p. 926.
[3] Voy. J. Savary, *Dictionnaire du commerce*, t. III, p. 629.
[4] Abbé Coyer, *Bagatelles morales*, édit. de 1755, p. 10.

duisaient passait pour si capiteux qu'on faisait
« prester serment à tous maistres d'hostel du
Roy, à leur réception en telle charge, de ne
servir pour la bouche du Roy des vins d'Orléans, bien que d'ailleurs ils sont mis au
nombre des bons vins quant au goust[1]. »
On donnait la préférence aux vins de Coucy.
« Entre tous les vins de France, dit Nicolas de
la Framboisière[2], ceux de Coussy sont estimez
les plus excellens. C'est pourquoy ils sont
dédiez au Roy, et réservez pour sa boisson. Ils
sont ordinairement rouges ou clairets, géné-
reux, d'une consistance médiocre et d'un
goust plaisant, délicats à boire et fort con-
venables à ceux qui sont extrémement affoi-
blis[3]. »

Gui Patin plaçait sur la même ligne les vins
de Paris, de Bourgogne et de Champagne[4];
mais tout le monde n'était pas aussi accom-
modant. Les vrais gourmets n'admettaient
que ce dernier, et depuis le seizième siècle
nos rois n'en burent guère d'autre. Le pape

[1] Joseph du Chesne, sieur de la Violette (médecin ordinaire de Henri IV), *Le pourtraict de la santé*, 1606, in-8º,
p. 221.
[2] Médecin ordinaire de Louis XIII.
[3] *OEuvres*, éd. de 1613, p. 156.
[4] *Lettre à Falconet*, 21 novembre 1669, t. III, p. 716.

Léon X, Charles-Quint, Henri VIII, François Ier entretenaient à Ay des officiers chargés de veiller sur ce cru précieux et de ne les en laisser jamais manquer. « Parmi les plus grandes affaires qu'eurent ces grands princes à démêler, avoir du vin d'Ay ne fut pas un des moindres de leurs soins, » c'est Saint-Évremont qui l'affirme[1]. Le vin de Champagne était alors du vin rouge, non mousseux, et l'on bouchait encore les bouteilles avec des bouchons de chanvre tordu qu'on imbibait d'huile[2]. Dom Pérignon, cellérier de l'abbaye de Hautvillers, eut la gloire de créer le charmant breuvage qui fit la fortune de la Champagne. A peine pouvait-on l'obtenir gris ou rosé; il l'obtint blanc, progrès qui date de 1668 à 1670, premières années de son célériat. Il inventa « le verre svelte et léger qui permet d'admirer la danse gracieuse des atomes de son gaz, la flûte en un mot[3]. » Il substitua au chanvre les bouchons de liège.

[1] Lettre au comte d'Olonne [1671]. Dans les OEuvres, édit. de 1753, t. III, p. 289.

[2] Louis Périer, Mémoire sur le vin de Champagne. Dans les Mélanges de littérature et d'histoire publiés par la Société des Bibliophiles françois, t. II, p. 2, 9 et 18.

[3] Abbé Manceaux, Histoire de l'abbaye de Hautvillers, t. II, p. 519.

Enfin, vers 1695 parut le vin de Champagne mousseux [1], celui que le monde entier recherche aujourd'hui.

Malgré son penchant pour le vin d'Arbois, Henri IV se qualifiait volontiers de *Sire d'Ay*. Louis XIV, jusqu'à vingt ans, ne but jamais que de l'eau [2] ; il adopta ensuite le vin de Champagne fort coupé d'eau. En 1693, Fagon obtint qu'il le remplacerait par du vin de Bourgogne [3], et choisit celui de Nuits. La cour délaissa aussitôt le vin de Champagne. Mais sa disgrâce dura peu : le Régent, Louis XV et Louis XVI donnèrent toujours au vin de Champagne une préférence exclusive.

Sous le règne de Louis XV, on a cessé de le fabriquer mousseux. Contant d'Orville écrivait en 1779 : « Il n'y a pas vingt ans que la mode de faire mousser le vin de Champagne a cessé. Il n'en reste de traces que dans quelques chansons bachiques où la mousse du champagne est célébrée. Seulement quelques vieux buveurs se souviennent encore de s'être extasiés à la vue d'un bouchon qui frappait le plan-

---

[1] Abbé Manceaux, t. II, p. 522.
[2] *Journal de la santé de Louis XIV*, p. 71.
[3] *Journal de la santé de Louis XIV*, p. 211. — Saint-Simon, t. XI, p. 386.

cher, et quelques dames se rappellent d'avoir eu le talent de faire sauter un bouchon de bonne grâce[1]. » Le vin mousseux n'avait pas encore repris faveur en 1782 : « Depuis qu'on a su, dit Legrand d'Aussy[2], que les vins mousseux étaient des vins verts, qui se tirent en bouteille au printemps, quand la révolution opérée alors par la nature les fait entrer en fermentation, on a cessé de les estimer autant, et les gourmands préfèrent maintenant ceux qui ne moussent point. »

Louis XVI but toujours du vin de Champagne et, même au Temple, on lui en servait une bouteille à chaque repas[3]. Marie-Antoinette ne buvait que de l'eau[4].

Les grands seigneurs et les gourmets imitaient toujours le roi. Beaucoup d'entre eux faisaient du vin de Champagne leur boisson ordinaire ; encore fallait-il qu'il eût été récolté sur les coteaux d'Ay, d'Avenay ou de Hautvillers. Cette prédilection donna naissance à l'*ordre des Coteaux*, communauté dont les histo-

---

1 *Mélanges tirés d'une grande bibliothèque,* tome C, p. 67.

2 Tome II, p. 364.

3 *Rapport du citoyen Verdier au Conseil général,* 28 novembre 1792.

4 Madame Campan, *Mémoires,* t. I, p. 104.

8.

riens ecclésiastiques se sont bien gardés de
parler, mais qui a été célébrée par Boileau dans
sa troisième satire. L'ordre des Coteaux fut
cependant fondé chez un prélat, l'évéque du
Mans Lavardin, un jour qu'il avait à sa table
le comte d'Olonne, Saint-Évremont et le marquis de Bois-Dauphin [1]. Ces « fins débauchez, »
comme les appelle le P. Bouhours [2], ne tar-
dèrent pas à faire des envieux ; tous les gourmets aspirèrent au titre honorable de *Coteau,*
et l'ordre s'étendit à ce point qu'un des acteurs
de l'hôtel de Bourgogne, nommé Villiers, lui
consacra en 1665 une comédie qui fut publiée
sous ce titre : *Les Costeaux ou les marquis
frians.* Un extrait de la scène XIII suffira pour
expliquer comment on entendait alors le nom
de *Coteau* :

LÉANDRE.

Je croy qu'en estimant la table de Thersandre
Et celle de Léonce, on ne peut se mesprendre.

VALÈRE.

C'est un Costeau.

[1] Tallemant des Réaux, t. II, p. 412. — Desmaiseaux,
Vie de Saint-Évremont, p. 30 et 222. — On a cité à tort
d'autres noms. Voy. les *Nouvelles de la république des
lettres,* mai 1704, t. XXXII, p. 166 et suiv., et les *OEuvres*
de Boileau, édit. de 1729, t. I, p. 33.

[2] *Manière de bien penser dans les ouvrages d'esprit,*
p. 344. — Voy. aussi le *Dictionnaire étymologique* de
Ménage, au mot *Costeaux.*

ORONTE.

Marquis, qui sont donc ces Costeaux?

VALÈRE.

Ce sont gens délicats, aimans les bons morceaux,
Et qui, les connaissans, ont par expériance
Le goust le plus certain et le meilleur de France.
Des frians d'aujourd'huy c'est l'eslite et la fleur.
En voyant du gibier, ils disent à l'odeur
De quel païs il vient. Ces hommes admirables,
Ces palets délicats, ces vrais amis des tables,
Et qu'on en peut nommer les dignes souverains,
Sçavent tous les costeaux où croissent les bons vins,
Et leur goust leur ayant acquis cette science,
Du grand nom de Costeaux on les appelle en France.

Sept ans après, madame de Sévigné écrit
encore : « Le dîner de M. de Valavoire effaça
entièrement le nôtre, non pas par la quantité
des viandes, mais par l'extrême délicatesse,
qui a surpassé celle de tous les *Coteaux* [1]. »

Dans un pays qui récolte plus de vin qu'il
n'en peut consommer, les boissons ayant l'eau
pour base ne sauraient être en grand honneur.
La bière avait néanmoins ses partisans, et les
statuts des Cervoisiers figurent, au treizième
siècle, dans le *Livre des métiers* colligé par
Étienne Boileau [2]. La cervoise était faite avec
de l'eau, de l'orge, du méteil et de la *dragée*,
c'est-à-dire de menus grains, tels que vesces,

[1] *Lettre* du 4 mars 1672, t. II, p. 519.
[2] Titre VIII.

lentilles et avoine[1] ; en somme, c'était à peu près notre bière actuelle, moins le houblon. Comme saint Louis n'aimait pas la cervoise, il en buvait pendant le carême pour faire pénitence[2].

Le cidre était encore presque inconnu à Paris au seizième siècle. On y disait que Dieu avait infligé cette boisson aux Normands « comme une espèce de malédiction » ou de châtiment[3].

Les liqueurs furent d'abord en petit nombre, et leur prix n'en permettait guère l'usage qu'à la classe aisée.

Le *vin cuit* faisait déjà la joie des gourmets sous Charlemagne. On l'obtenait en faisant réduire au tiers ou au deux tiers[4] du moût sur le feu. Le vin cuit obtenu avec du moût de raisins blancs ou muscats était appelé *malvoisie*. On y ajouta plus tard du miel[5].

---

[1] Article 3.

[2] *Vie de saint Louis,* par le confesseur de la reine Marguerite, dans les *Historiens des Gaules,* t. XX, p. 107.

[3] Voy. Gui Patin, *Lettres à Spon,* 21 avril et 9 mai 1643, t. I, p. 282 et 285.

[4] Réduit d'un tiers, il prenait le nom de *carène,* des deux tiers, celui de *sabe.*

[5] Sur la préparation de la malvoisie artificielle, voy. Olivier de Serres, *Théâtre d'agriculture,* édit. de 1646, p. 751 ; elle est numérotée par erreur 715.

Les *vins herbés* étaient des infusions de plantes aromatiques, myrte, sauge, aloès, anis, romarin, absinthe, auxquelles on mélait du miel.

Si l'on y joignait des épices et des aromates d'Asie, le vin herbé devenait *piment* ou *nectar,* et alors il n'y avait pas de vertu qui pût y tenir. Quand les poètes du treizième siècle parlent de cette « confection souef[1], odorant, fait de vin, de miel et autres espices[2],» l'enthousiasme les saisit, et ils se plaignent de ne pas trouver d'expressions pour célébrer cette merveille de l'industrie humaine; on y trouvait réunis, disent-ils, le fumet du vin, la saveur du miel et le parfum des aromates éclos sous les rayons du soleil d'Orient.

Les meilleurs piments étaient le *clairet* et l'*hypocras,* qui restèrent célèbres jusqu'au dix-huitième siècle. Le premier se faisait avec du vin paillet, le second avec du vin blanc ou rouge. Voici la recette de l'hypocras blanc :

Prenez deux pintes de bon vin blanc, une livre de sucre, une once de cannelle, un peu de macis, deux grains de poivre blanc entiers, un citron partagé en trois quartiers. Laissez infuser le tout pen-

---

[1] Exquis, de *suavis.*
[2] Voy. Ducange, au mot *pigmentum.*

dant quelque temps; puis passez trois ou quatre
fois votre hypocras à la chausse. On peut lui donner
l'odeur du musc et de l'ambre, en mettant un grain
pilé avec du sucre et enveloppé de coton à la pointe
de la chausse[1].

On voit que le musc et l'ambre, qui jouaient
alors un si grand rôle dans la cuisine[2], servaient aussi à empester l'hypocras :

> Ensuite on nous donna quantité de liqueurs,
> On but d'un hypocras, mais dont le musc et l'ambre
> Par leur subtile odeur parfumèrent la chambre [3].

Olivier de Serres y ajoutait du gingembre
pulvérisé, laissait infuser pendant sept ou huit
heures, puis passait par la chausse[4].

On faisait aussi du vin avec le suc de certains fruits, le coing, la groseille, la framboise,
la grenade, la mûre. Ce dernier est nommé
moré par les poètes du treizième siècle.

Sauf l'hypocras, qui se buvait parfois à
jeun, tous ces breuvages étaient en général
servis après le dessert, après le lavage des
mains.

---

[1] *Nouvelle instruction pour les confitures et les liqueurs,*
édit. de 1715, p. 337.
[2] Voy. dans cette collection le volume consacré à *La cuisine,* p. 128.
[3] Villiers, *Les Coteaux,* sc. x.
[4] *Théâtre d'agriculture,* p. 751.

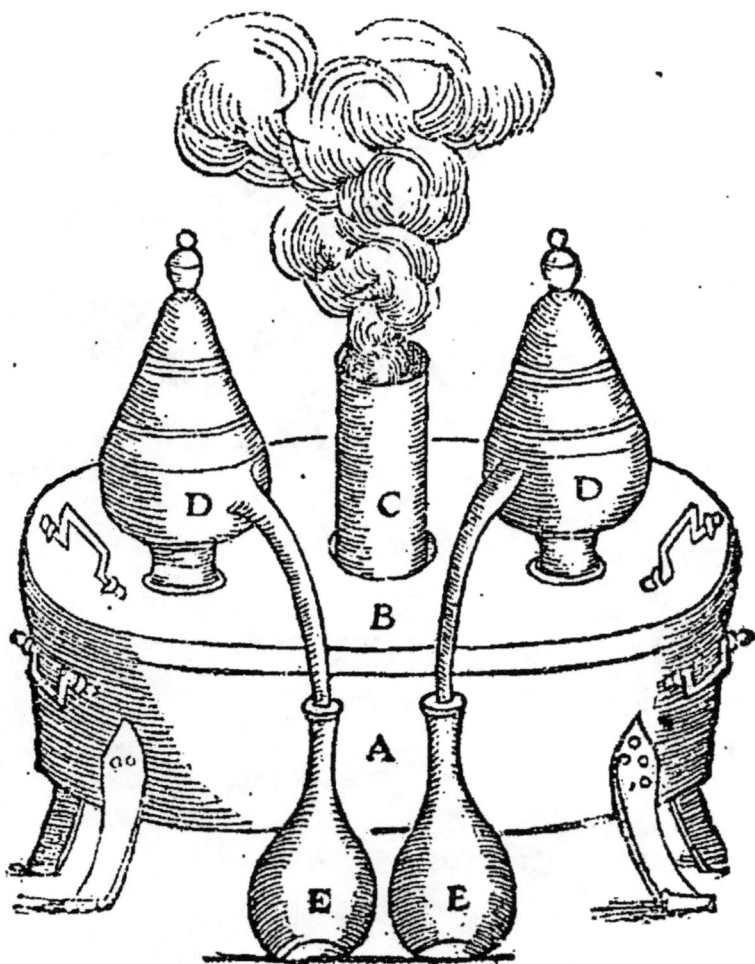

APPAREIL DE DISTILLATION.
D'après Ambroise Paré, 1607, in-folio.

L'eau-de-vie, appelée aussi *eau d'or, eau de vin, eau ardente, eau éternelle*, était déjà bien connue au treizième siècle. Albert le Grand [1] indique deux procédés différents pour opérer la distillation [2], et Arnauld de Villeneuve [3] célèbre cette admirable liqueur, dont bien des gens avaient pu déjà apprécier les mérites : « Quidam appellant eam aquam vitæ, et certe et vidi quibus expedit bene consonat nomen rei, ita quod dixerint aliqui de modernis quod est aqua perennis et aqua auri propter sublimitates operationis ipsius [4]. » Elle guérit, ajoute-t-il, la paralysie, la fièvre quarte, l'épilepsie, les taies de l'œil et le cancer de la bouche [5]. Elle était donc regardée comme un médicament, mais il faut avouer que ce médicament avait devant lui un bel avenir. Les procédés de distillation, encore bien imparfaits, se perfectionnèrent peu à peu, et Ambroise Paré donne déjà ce moyen pour reconnaître la bonne eau-de-vie : « Estant posée en une cueillier et

---

[1] Mort en 1280.

[2] Voy. *De mirabilibus mundi*, édit. de 1598, p. 235 et 237.

[3] Mort en 1313.

[4] Arnaldus de Villanova, *Opera*, édit. de 1505, f⁰ 102, verso.

[5] « Albugines oculorum et cancer oris. » On ne dira pas que ce dernier était produit par l'abus du tabac.

allumée, elle se consume du tout, ne laissant
aucune marque d'humidité au fond de la
cueillier. » D'ailleurs, c'est toujours à ses yeux
une espèce de panacée, dont les « vertus sont
infinies; » elle « aide aux épilepsies et apo-
plexies, sède[1] la douleur des dents, est utile
aux défaillances de cœur et syncopes, gan-
grènes et pourritures[2]. »

L'usage habituel des liqueurs en France
date de la fin du seizième siècle. Les Italiens,
plus avancés que nous dans l'art culinaire,
commencèrent par nous révéler de nouveaux
breuvages, dans la composition desquels
l'eau-de-vie n'entrait qu'à petite dose. Il ne
faut pas, au reste, leur être trop reconnais-
sants de ces dons, car, comme compensation
sans doute, ils nous expédièrent aussi Catherine
et Marie de Médicis, chargées de les apporter.
Elles mirent surtout à la mode deux prépa-
rations pharmaceutiques dont nous possédons
la formule, le *populo* et le *rossolis*. Le premier était un mélange d'esprit-de-vin, de
sucre, de clous de girofle, de poivre long,
d'anis, de coriandre, d'ambre et de musc[3].

---

[1] Apaise.
[2] *OEuvres*, édit. de 1607, p. 1154.
[3] Voy. Lavarenne, *Le parfaict confiturier*, p. 115.

Fagon fabriquait ainsi le rossolis destiné à
Louis XIV : Il prenait en parties égales des
semences pilées d'anis, de fenouil, d'aneth, de
coriandre et de carvi, et faisait macérer le tout
pendant trois semaines dans un vaisseau de
verre bien bouché. Il y ajoutait de l'eau-de-
vie, de l'eau de camomille et du sucre, puis
passait le tout au papier gris [1].

Ces sortes de médecines se servaient au
dessert. L'abbé de Choisy, racontant un repas
fait par lui vers 1666, écrit : « Après le dîner
on but chacun un petit coup de rossoli, car on
ne connoissoit alors ni café, ni chocolat, et le
thé commençoit à naître [2]. » On en offrait aux
femmes, mais les prudes se gardaient bien
d'accepter. Madame de Thianges, lorsqu'elle
eut renoncé à toutes les joies de ce monde, au
point de ne plus mettre de rouge et de cacher
sa gorge, se trouvait un jour à table à côté de
madame de Sévigné; un laquais lui présenta
un verre de liqueur : « Madame, dit-elle à sa
voisine, ce garçon ne sait pas que je suis
dévote [3]. »

[1] *Journal de la santé de Louis XIV*, p. 435.
[2] *Histoire de la comtesse des Barres*, édit. de 1807,
p. 97.
[3] Mme de Sévigné, *Lettre* du 5 janvier 1674, t. III,
p. 347.

La première fabrique de liqueurs qui ait eu quelque réputation fut établie à Montpellier. Celle de Lorraine la fit bientôt oublier; elle avait été fondée par un sieur Solmini, à qui nous devons le *parfait amour*. Bien d'autres créations, ayant toutes l'eau-de-vie pour base, se disputaient en 1741 la faveur des palais délicats. Savary cite parmi elles :

L'eau de Cette.	L'eau de cannelle.
— d'anis.	— de coriandre.
— de frangipane.	— de genièvre.
— angélique.	— de citronnelle.
— clairette.	— de mille fleurs.
— de céleri.	— divine.
— de fenouillette.	— de café[1].

Tout cela sans préjudice des élixirs, des huiles, des crèmes, et des liqueurs des îles que la célèbre madame Amphoux nous expédiait de la Martinique[2].

[1] *Dictionnaire du commerce*, t. II, p. 999.
[2] On trouve dans l'*Encyclopédie méthodique, arts et métiers*, t. II, p. 185 et suiv., la recette de toutes les liqueurs usitées en 1782.

ARRESTATION DE CHARLES LE MAUVAIS
Quatorzième siècle.

D'après les *Monumens* de Montfaucon.

CHAPITRE III

LA CIVILITÉ DE LA TABLE

XIIᵉ siècle. Le *De institutione novitiarum* de Hugues de Saint-Victor. — *Le Castoiement d'un père à son fils.* — XIVᵉ siècle. *Le Roman de la rose.* — XVᵉ siècle. *Les Contenances de la table.* — *La Civilité* de Jean Sulpice. — XVIᵉ siècle. *La Civilité* d'Érasme, versions de P. Saliat, de C. Calviac et de C. Hardy. — XVIIᵉ siècle. *La Civilité puérile et morale.* — *La Civilité honneste.* — *La Civilité nouvelle.* — *La Civilité* d'Ant. de Courtin. — XVIIIᵉ siècle. *La Civilité,* par un missionnaire. — *La Civilité* de J.-B. de la Salle. — Conversation entre le poète Delille et l'abbé Cosson. — *La Civilité républicaine,* par Chemin.

I

EXTRAIT DU

DE INSTITUTIONE NOVITIARUM

de HUGUES DE SAINT-VICTOR,
traduit en français par JEAN DE VIGNAY.

[XIIᵉ siècle.]

Hugues, dit de Paris ou de Saint-Victor, fut un des plus célèbres théologiens du douzième siècle. Il mourut en 1141, chanoine dans la savante abbaye de Saint-Victor, à Paris. Les œuvres de ce mystique forment trois volumes in-folio, qui ont été imprimés en 1648. C'est en parcourant le tome II, où je cherchais tout autre chose, que le hasard m'a mis sous les yeux ce manuel de la civilité peu raffinée qui était en usage au milieu du douzième siècle[1]. J'en fis aussitôt la traduction, et je la réunis aux notes qui devaient, douze ans plus tard, constituer ce petit volume. Une seconde rencontre, également fortuite, condamna ma version à l'oubli.

Vincent de Beauvais, un écrivain qui mourut en 1264, employa ses loisirs à lire une foule d'ouvrages et à en faire des extraits. Il finit par composer ainsi un immense recueil encyclopédique, le *Speculum triplex,* qu'un imprimeur du quinzième siècle publia en dix volumes in-folio, et où figurent des fragments de plus de trois cents auteurs grecs, arabes et latins. J'y retrouvai ma Civilité de Hugues de Saint-Victor, découverte qui me remplit de joie. Voici pourquoi.

[1] Il compose les xixe, xxe et xxie chapitres du traité *De institutione noviciarum*, et commence à la page 39 du tome II.

Tout le monde sait qu'un brave religieux nommé Jean de Vignay a traduit en français sous le titre de *Miroir hystorial* une partie du *Speculum triplex*. Il était l'hôte du roi Charles V, et c'est pour lui qu'il travaillait. Mais il se trouva aussi avoir travaillé pour moi, car le traité qui m'intéressait est compris dans le *Miroir-hystorial*[1], et j'en possédais dès lors une traduction datant du quatorzième siècle.

Vincent de Beauvais, et Jean de Vignay après lui, reconnaissent loyalement que ce fragment a bien été écrit par « Hugues de Paris, chanoyne de Sainct-Victor, clerc en religion et science de lettres, et en sagesse des sept ars libéraulx, en son temps nul son second. » Sans me vanter, ma version était plus claire que celle de Vignay; mais dans les endroits où l'ami de Charles V m'a paru trop obscur, j'ai eu soin de reproduire en note le texte original.

DE LA DISCIPLINE EN VIANDE. — En la table est double garde de discipline : en habit[2] et viande.

---

[1] Édition de Paris, 1621, 5 vol. in-folio, tome IV, livre XXVII, chap. LXI, folio 183.

[2] Le texte porte *habitus,* qui signifie : air, aspect, extérieur, manière d'être. Le vrai sens ici est *tenue.*

La discipline en habit en trois manières : en taisant, en voyant, en continent.

Taciturnité entre viandes est nécessaire. Certes la langue laquelle est en tout temps encline de court à péché, et plus périlleusement est relaschée de parler quant par superfluité de manger seroit enflambée.

La garde des yeulx est aussi nécessaire. Car là ne convient point que non honteusement il regarde en circumlustrant[1] les choses qui sont faictes par les autres; mais que plus tost, par plaisans regardz[2], entende seulement aux choses qui luy sont apposées.

Et la garde de soy contenir n'est pas à despiter[3]. C'est assavoir que, ne en habit ne en geste, il ne face aucune chose non convenable ou deshonneste, si comme aucuns font; lesquelz quant ilz viennent à manger, par aucune impacience, agitation et confusion de membres, démonstrent l'intrempance de leur courage[4]. Ilz secouent la teste, estendent les bras, et lièvent les mains hault. Et non pas sans grant turpitude, comme se ilz estoient pour destruire entièrement toute la viande, se démonstrent par grans efforcemens et laiz gestes[5]. En ung lieu

[1] En parcourant du regard. Le texte porte : « Circumlustrando. »
[2] « Sed ut potius pudice demissis luminibus ea tantum quæ sibi..... »
[3] « Negligenda non est. »
[4] « Intemperantiam animi sui designant. »
[5] « Ingentes quosdam conatus et gestus satis indecoros ostendunt. »

séans[1], des yeulz et des mains circuyent toutes choses et près et loing. Ilz despiècent ensemble les pains[2]. En calices et hanaps respandent les vins. Les platz gectent en ung coignet[3]. Et, comme ung roy faisant assault sus une cité assiégée, doubtent où premièrement ilz commenceront l'expugnation, quant ensemble ilz convoitent faire par tout irruption.

Doncques, par ces trois manières, ung chascun doit garder entre les viandes discipline en soy mesmes. C'est assavoir que il restraigne sa langue à janglerie[4], et oste ses yeulx de circonspection, et que tous les autres membres il contiengne avec attrempance et repos[5].

ENCORE DE CE MESMES. — Aussi s'ensuyt triple observance de discipline en viande : Quelle chose, combien, comment?

Quelle chose il mangeue[6]? C'est-à-dire que il ne attende ne trop précieuse et délicieuse; ne ne requère trop rare et non accoustumée, ne ne convoite choses trop curieusement préparées.

Au premier certes est argué superfluité[7], au second curiosité, au tiers est notée superstition.

Et aucuns sont desquelz les joues[8] sont malades

---

1 « Sedentes. »
2 « Omnia circumcurrunt. Simul panes comminuunt. »
3 « Discos in gyrum circumducunt. »
4 Bavardage, médisance.
5 « Cum modestia et quiete. »
6 Mange.
7 « In primo enim luxus arguitur. »
8 « Fauces. »

de infirmité assez ridiculeuse, lesquelz ne peuvent dégloutir sinon choses grasses et délicieuses. Mais quant petites et attrempées viandes sont baillées, incontinent ilz donnent excusations, ou de indigestion de l'estomac, ou seicheresse de la poictrine, ou horripilation de la teste, ou autres choses semblables à excuser.

Les autres, les délices et superfluitez des viandes par grande constance desprisent[1]. Mais d'iceulx de rechief, non pas par moindre ou intolérable folie, l'usage des communes viandes totallement est refusé. Nouveaux genres certes de viandes et non accoustumées requièrent. Tellement que souvent pour le ventre d'ung homme la compagnie des serviteurs court par tous les carrefourgs. Et à peine à la parfin, ou des montaignes incogneues et désertes cueillant loing les racines, ou tirant petis poissonnetz des parfondz gours par parfonde scrutation, ou cueillant des lieux secz inutiles arbustes, peult appaiser la folie d'ung appetit[2].

Et à moy ne peult pas estre assez démonstré quel vice font iceulx, sinon par adventure que par aucune folie de courage[3] ilz se siouyssent[4] pour ceste chose plusieurs estre occupez en leur vouloir;

[1] « Aspernantur. »

[2] « Et vix tandem vel ignotas de desertis procul montibus radices evellendo, vel pauculos de imis gurgitibus profunda scrutatione pisciculos trahendo, sive intempestiva de arentibus rubetis arbuta colligendo, unius appetitus petulantiam compescere queat. »

[3] « Quamdam animi insolentiam »

[4] Ils se réjouissent.

ou que par orgueil de eslievement[1] devant tous, autant qu'ilz sont dissemblables de viande, autant veulent estre veuz dissemblables de mérite.

Les autres donnent trop vaine estude en préparant les viandes, excogitans infinis genres de décoctions, frictures et savouremens; désirans, selon la coustume de femmes grosses, maintenant[2] molz, maintenant durs, maintenant froidz, maintenant chaulx, maintenant bouilliz, maintenant rostis, maintenant avec poivre, maintenant aux aulx; maintenant avec cynamome[3], maintenant avec sel essavourez[4].

Certainement ceulx ne sont pas seulement à estre redarguez[5], mais aussi à estre mocquez, lesquelz, comme taverniers, estendent le palais de la bouche à chascune broche[6] de vin, pour grâce de eslire le goust.

S'ENSUYT LA GRACE DE DISCIPLINE EN CE COMBIEN CHASCUN DOIT PRENDRE. — Duquel la mesure me-semble estre veue ceste : que ne contre honnesteté, ne contre nécessité soit.

Tout ventre ne savoure pas de mesure, mais l'ung ainsi, l'autre vrayement ainsi.

Celluy auquel il suffist moins devant qu'il par-

---

[1] « Per tumorem elationis. »

[2] Tantôt.

[3] La cinnamome désigne en général la cannelle; cependant le texte dit : « modo cumino. »

[4] « Modo sale condita. »

[5] Repris.

[6] A chaque tonneau. — On nommait broche le *fausset* servant à boucher le trou du tonneau mis en perce Le

viengne à la turpitude de la mangeaille, offense en
superfluité.

Celluy auquel est moult d'œuvre[1], en lui souvent honnesteté de manger est blecée aussi devant
qu'il soit venu à superfluité.

Donc celluy auquel petit est assez, escheve plus
superfluité[2]; celluy vrayement auquel est moult
d'œuvre attend plus à honnesteté.

EN APRÈS EST OBSERVANCE EN VIANDE, comment
chascun la doit prendre, c'est-à-dire combien nectement et combien tempérament.

Aucuns, quant ilz veulent aorner les escuelles[3]
entre les mangeans, enveloppent entre les touailles
gros morceaulx de viandes distillans gresse dessus
arrousée, ou les mussent[4] dessoulz, jusques les en-
trailles replectes, les choses qui estoient demourées
remettent au premier lieu.

Les autres en beuvant mouillent les doidz au
meillieu des breuvrages.

Les autres, les mains oingtes les torchans à leurs
vestemens, retournent à manier les viandes.

Les autres, les doidz nudzs en lieu de cuillier
pillent leurs choulx, si que en un mesme droit la

___

texte porte : « ad omnem clepsydram. » Voy. Ducange, au
mot *clepsydra*.

[1] « Cui multum opus est. »

[2] « Ergo ille cui parum satis est, magis superfluitatem
caveat. »

[3] « Quidam inter comedendum dum scutellas exonerare
volunt. »

[4] Cachent.

main son lavement et le ventre sa réfection soyent veuz querre[1].

Les autres, les croustes demyes arrousées et premorses[2] en allant fichent aux viandes, et les reliques de leurs dentz en faisant les souppes mouillent aux potages.

La tempérance de manger entendons en ce, se l'homme trait à trait et petit à petit mangeue, et non pas avec trop grant hastiveté.

II

EXTRAIT DU *Castoiement que li pères ensaigne à son fils.*

[XIIe siècle.]

Le Castoiement[3] *que li pères ensaigne à son filz* a été écrit en latin par un théologien espagnol, nommé Rabbi Moïse Sephardi. Juif de naissance, il embrassa le catholicisme à l'âge de quarante-quatre ans, eut pour parrain Alphonse Ier, roi d'Aragon, et reçut alors les noms de Pierre-Alphonse. Le seul de ses ouvrages qui puisse nous intéresser a pour

---

[1] On les voit tout à la fois se laver les mains et satisfaire leur appétit.

[2] « Alii semicorrosas crustas et præmorsas... »

[3] Instruction, avis.

titre *Disciplina clericalis*. Dès le treizième
siècle, il fut mis en vers français par un poète
qui est resté anonyme, et dont la traduction
débute par ces mots : *Cy commence le castoiement que li pères ensaigne à son fils.* Un écrivain
du quinzième siècle, Jean Miellot peut-être, a
donné de ce traité une version en prose inti-
tulée *Discipline de clergie.*

Pierre-Alphonse met en scène un père
plein d'expérience, qui donne à son fils des
leçons de morale et des préceptes pour se
conduire sagement dans le monde. Le bon-
homme prend son temps, développe à plaisir, entremêle ses instructions de récits, de
contes parfois fort libres. Son pauvre enfant
a déjà subi 3,077 vers très difficiles à comprendre (pour nous); mais sa patience est
inépuisable, il veut tout savoir, et il finit par
demander à l'auteur de ses jours pourquoi il
ne lui a pas dit encore comment il devrait
agir s'il était admis à la table du roi :

> Beax[1] père, avez-vos oublié
> De dire et d'ensaigner le moi
> Comment à la table le Roi
> Mangier puisse par cortoisie,
> Que on ne me puist blasmer mie?

[1] Beau.

Je ne l'ai pas fait, répond le père, parce que la civilité de la table est la même partout :

> Ne l'ai fait, ce respont li père,
> Qu'il ni a nul autre manière
> De mangier de devant le Roi
> Qu'il est de mangier en recoi[1].

Quand tu auras lavé et essuyé tes mains, ne te hâte pas de manger, tu aurais l'air d'un affamé. Ne porte pas à ta bouche des morceaux trop gros, tu passerais pour un glouton, et n'avale pas avant d'avoir bien mâché. Attends pour boire que ta bouche soit vide. Garde-toi aussi de parler tant qu'elle sera pleine, car tu risquerais de t'étrangler. Puis, n'oublie pas de te laver les mains avant de quitter la table :

> Quant tu auras tes mains lavées,
> Et à la toaille[2] essuiées,
> Et seras à la table asis,
> Et li peins ert[3] devant toi mis,
> Tu ne te doiz pas trop haster
> Ainz que tu aies à mengier,
> Quar l'en diroit tot à estrox[4]
> Que tu seroies fameillox[5].

---

[1] En son particulier.
[2] Serviette.
[3] Et le pain sera.
[4] Tout aussitôt.
[5] Affamé, glouton. — Le texte dit : « Nec tantum bolum

Si ne fai pas tróp grant morsel[1],
Quar ce ne seroit mie bel;
Si diroit-on par la maison
Que tu seroies trop glouton.
Ne morsel ne transglotir[2] mie
Por haster ne por gloutérnie[3]
Ainz que tu l'aies avalé,
Que tu ne soies estranglé.
Ne que tu boives n'est pas droit
Ainz que ta bouche vuide soit,
Quar on le tient à vilenie.
Et si est ce, que que nus die,
Gar toi que ne paroles pas[4]
Tant com ton morsel mengeras :
Que aucune chose des mies
Ne t'entre es aresteries[5],
Quar ice porroit estouper[6]
Où la viande doit aler.
Si te lo[7] que après souper
N'oublie tes mains à laver,

mittas in ore tuo ut micæ defluant hinc et inde, ne dicaris gluto. »
[1] Morceau.
[2] Engloutir.
[3] Gourmandise.
[4] Garde-toi de parler.
[5] Ne s'arrête dans ton gosier.
[6] Boucher. — Il y a dans le texte : « Nec pocula sumas donec sit os vacuum, ne dicaris vinosus; nec loquaris dum aliquid in ore tenueris, nec aliquid intret de gutture in intimam arteriam, ne sit tibi causa mortis. »
[7] Je t'approuve.

> Quar c'est savoir et cortoisie,
> Por ce que on les elz[1] manie.

Il semble que le jeune homme eût dû savoir tout cela depuis longtemps. Rappelons donc que les enfants nobles n'étaient point admis à la table paternelle tant qu'ils restaient *damoiseaux*, et qu'ils conservaient ce titre jusqu'au jour où ils étaient reçus chevaliers[2]. Nous retrouvons là un souvenir des rudes mœurs gauloises, qui accordaient au père droit de vie et de mort sur son enfant, lui interdisaient en public jusqu'à une caresse, et ne toléraient pas qu'un fils osât s'asseoir en présence de son père. C'était peut-être bien dur; mais nous montrons-nous plus sages que les Gaulois? et l'affaiblissement du principe d'autorité dans l'État, la modicité des fortunes actuelles, l'étroitesse de nos appartements n'ont-ils pas fini par nous jeter dans l'excès contraire?

Si l'on m'invite à dîner, reprend le fils, dois-je accepter sans hésitation, ou me faire un peu prier?

Le père respont saigement :

Cela dépend des circonstances. Es-tu invité

---

[1] Les yeux.
[2] Voy. A. Favyn, *Théâtre d'honneur et de chevalerie*, t. I, p. 577.

par un grand personnage, accepte aussitôt; si c'est par un égal ou par un ami plus jeune que toi, tu as le droit de te montrer parfois irrésolu.

Li filz après li demanda :

Quand je suis à table, dois-je manger peu ou beaucoup? Le vieillard n'hésite pas : Mange toujours, dit-il, le plus que tu pourras; si tu es chez un ami, il en sera flatté; si tu es chez un ennemi, cela le contrariera :

> Beau père, dist-il, doi-ge molt,
> Que doi-ge mengier poi ou molt
> Quant ge sui au mengier requis
> Et à la table sui asis?
> Et cil respont : Tu mengeras
> Tout com tu onques plus porras;
> Quar s'il t'aime, bel l'en sera,
> S'il te het, li annueira.

III

EXTRAIT DU
ROMAN DE LA ROSE.
[XIVᵉ siècle.]

On trouve dans *Le Roman de la rose*[1] un

[1] Vers 13983 et suiv.

manuel de la maîtresse de maison au début du quatorzième siècle. L'original étant parfois obscur, je cite la traduction littérale de M. Pierre Marteau [1].

> Et puis il lui faut être à table
> De contenance convenable.
> Mais avant de s'aller asseoir,
> Que par l'hôtel se fasse voir
> Et qu'à chacun entendre donne
> Que la besogne bien ordonne.
> Qu'elle aille et vienne un peu partout
> Et la dernière soit debout,
> Et qu'un petit [2] se fasse attendre
> Avant d'aller sa place prendre.
> Et quand à table siégera,
> Surtout veille autant que pourra ;
> Que devant les convives taille
> Le pain, autour de soi le baille ;
> Sache, pour sa grâce obtenir,
> Devant le convive servir
> De quoi manger en son écuelle ;
> Devant lui mette cuisse ou aile,
> Tranche de bœuf, porc ou mouton [3],

[1] Tome II, p. 239 et suiv.
[2] Un peu.
[3] Le texte dit :

> Et quant ele iert à table assise,
> Face, s'el puet, à tous servise.
> Devant les autres doit taillier,
> Et du pain entor soi baillier ;
> Et doit, por grace deservir,

Soit que de chair ou de poisson
Ce jour la table soit servie;
S'il accepte, qu'elle n'ait mie
Avare cœur à le servir.

Les préceptes suivants, bien que donnés
plus spécialement à l'hôtesse, concernent tout
le monde :

Que ses doigts veille à ne salir
De sauce jusques aux jointures,
Ne laisse à ses lèvres ordures
De graisse, de soupe ni d'aulx,
Ni trop entasse les morceaux,
Ni trop gros les mette en sa bouche.
Du bout des doigts le morceau touche
Qu'elle doit tremper au brouet,
Qu'il soit vert ou jaune, ou brunet;
Et porte si bien sa bouchée
Que sa bouche[1] ne soit tachée
De sauce ou d'assaisonnement.
Boire elle doit si gentiment
Que sur soi goutte ne répande,

> Devant le compagnon servir
> Qui doit mengier en s'escuele :
> Devant li mete cuisse ou ele,
> Ou buef ou porc devant li taille..

[1] Le texte dit : Sa poitrine:

> Et sagement port sa bouchée,
> Que sus son piz goute n'en chée
> De sope, de savor, de poivre.
> Et si gentement redoit boivre
> Que sor soi n'en espande goute.

Car trop avide et trop gourmande
La pourraient convives tenir,
Ceci lui voyant advenir.
Qu'oncques[1] sa coupe elle ne touche
Tant qu'aura morceaux en la bouche,
Et la doit si bien essuyer
Que ne laisse graisse briller
Sur sa lèvre supérieure;
Car si peu que graisse y demeure,
On voit œils flotter sur le vin
D'aspect et malpropre et vilain.
Qu'elle ne boive à perdre haleine
Gobelet plein ou coupe pleine,
Mais boive petit à petit,
Combien qu'elle ait grand appétit,
Plutôt souvent, avec mesure,
Pour que les autres, d'aventure,
Ne disent qu'elle engorge trop
Et que trop boive à plein goulot,
Mais délicatement le coule.
Le bord par trop qu'elle n'engoule,
Comme maintes nourrices font,
Qui sottes et gloutonnes sont,
Et tant à grands flots s'en entonnent
Que s'étourdissent et s'étonnent,
Et versent vin en leur gosier
Comme en botte de cavalier.

[1] Que jamais.

IV

LA CONTENANCE DE LA TABLE.

[XVe siècle.]

La Contenance de la table est l'œuvre de quelque honnête pédagogue, qui aura eu l'idée de codifier les règles alors imposées par l'usage en ce qui concerne les repas. Il faut sans doute y voir l'origine de toutes les *Civilités* publiées dans la suite. *La Contenance* fut imprimée vers la fin du quinzième siècle, en gros caractères gothiques. Mais ce petit livret, que bien des enfants ont dû apprendre par cœur, n'a pas été respecté par eux, et il est devenu d'une extrême rareté. Le texte que je reproduis [1] est celui que fournit un manuscrit du quinzième siècle conservé à la Bibliothèque nationale [2].

> Enfant qui veult estre courtoys
> Et à toutes gens agréable,
> Et principalement à table,
> Garde ces rigles en françoys.

---

[1] Un texte, qui présente avec celui-ci de très nombreuses variantes, a été publié par M. A. de Montaiglon dans ses *Anciennes poésies françoises*, t. I, p. 186.

[2] Fonds français, n° 1181, 1re pièce du recueil.

Enfant soit de copper soingneux
Ses ongles et oster l'ordure,
Car se l'ordure il y endure
Quant ilz se grate y ert roingneux.

Enfant d'honneur, lave tes mains
A ton lever, à ton disner,
Et puis au soupper sans finer :
Ce sont trois foys à tout le moins.

Enfant, dy bénédicité,
Et faiz le signe de la croix,
Ains[1] que tu prens riens, se m'en crois,
Qui te soit de nécessité.

Enfant, quant tu seras aux places
Où aucun prélat d'église est,
Laisse luy dire, s'il luy plaist,
Tant bénédicité que grâces.

Enfant, se prélat ou seigneur
Te dit, de son auctorité,
Que dies bénédicité,
Fais le hardiement : c'est honneur.

Enfant, se tu es en maison
D'autrui, et le maistre te dit
Que te sées[2]; sans contredit
Faire le peulz, selon raison.

Enfant, prens de regarder peine,
Sur le siège où tu te sierras[3],

[1] Avant.
[2] Que tu t'asseyes.
[3] Où tu t'assiéras.

Se aucune chose y verras
Qui soit deshonneste ou vilaine.

Enfant, quant tu seras assis
Pour ton corps refectionner,
Soit au soupper ou au disner,
Monstre toy prudent et rassiz[1].

Enfant, prens du vin et du pain
Ce qu'il souffist à ta nature,
Sans trop ne peu, selon mesure :
Qui trop en prent est dit villain.

Enfant, tu ne te doibs charger
Tant de la première viande,
Se plusieurs en as en commande,
Que d'autres ne puisses menger.

Enfant, se tu es bien sçavant,
Ne mes pas la main le premier
Au plat[2], mais laisse y toucher
Le maistre de l'hostel[3] avant.

Enfant, garde que le morseau
Que tu auras mis en ta bouche
Par une fois, jamais n'atouche,
Ne soit remise en ton vaisseau.

Enfant, ayes en toy remors
De t'en garder se y as failly;
Ne présentes à nulluy
Le morseau que tu auras mors[4].

---

[1] Rassis.
[2] Voy. ci-dessus, p. 45 et suiv.
[3] Le maître de la maison.
[4] Tu auras mordu.

Enfant, garde toy de maschier
En ta bouche pain ou viande
Oultre que ton cuer[1] ne demande,
Et puis après le recrascher.

Enfant, tu doibs prendre du sel
Dessus ton taillour[2], et saloir[3]
Ta viande pour mieulx valoir
Où dedans ung autre vaissel[4].

Enfant, garde qu'en la salière
Tu ne mettes point tes morseaulx
Pour les saler; ou tu deffaulx[5],
Car c'est deshonneste manière.

Enfant, se tu bois de fort vin,
Met y eaue attrempéement,
Et n'en boy que souffisamment,
Ou il te troublera l'engin.

Enfant, se tu es ung yvrongne
Par trop boire, il est deshonneste,
Et en auras mal en la teste,
Et puis après honte et vergongne.

Enfant, garde que sus ton boire
Ne habonde trop en parolles,
Car la manie en est moult folle,
Enfant de bien ne le doit faire.

---

[1] Cœur.
[2] Voy. ci-dessus, p. 36. — *Tailloir* et *tranchoir* étaient synonymes.
[3] Saler.
[4] Vaisseau.
[5] Tu fais mal.

Enfant, à table je t'ordonne
Sur tout que point tu ne sommeilles,
Et aussi que tu ne conseilles
En l'oreille d'autre personne.

Enfant, jamais la bouche pleine
Tu ne dois à autruy parler,
Ne boire aussy pour avaler,
Car c'est chose par trop vileine.

Enfant, garde, se tu es saige,
En quelque bancquet que tu voyses[1],
Soit de seigneurs ou de bourgeoyses,
De trop habonder en langaige.

Enfant, soyes tousjours paisible,
Doulx, courtois, bening, amiable
Entre ceulx qui sierront à table,
Et te gardes d'estre noysible.

Enfant, ce te est chose honteuse,
Se tu as serviette ou drap,
De boire en aucun hanap
Ayant la bouche orde[2] et baveuse.

Enfant, se tu faiz en ton verre
Souppes de vin[3] aucunement,
Boy tout le vin entièrement
Ou autrement le gecte à terre.

Enfant, garde de présenter
A ton hoste pain ne viande.

[1] Que tu ailles.
[2] Sale.
[3] Si tu trempes du pain en ton vin. Voy. ci-dessus, p. 38.

Prendre en peut sans qu'on luy commande,
Autre ne l'en peut exempter[1].

Enfant, soies plaisant et joyeux
En tout ce que tu fais ou dis,
Ne t'abandonne à nulz vains dis.
Tu n'en pourras valoir que mieulx.

Enfant, s'aucun serviteur oste
Aucun plat qui soit devant toy,
N'en fais semblant, tais t'en tout coy[2] :
Il souffist, puis que plaist à l'hoste.

Enfant, garde toy de remplir
Ton ventre si habundamment
Que tu ne puisses saigement
Tes bonnes œuvres acomplir.

Enfant, se tu veulx en ta pence
Trop excessivement bouter[3],
Tu seras constraint à rupter[4]
Et perdre toute contenance.

Enfant, si tu es saige, escoute
De la table les assistans,
Sans parler fors qu'à heure et temps;
Et ne te tiens pas sur le coubte[5].

Enfant, se ton nez est morveux,
Ne le torche de la main nue

[1] Nul ne peut l'en empêcher.
[2] Tiens-toi coi.
[3] Mettre.
[4] Roter.
[5] Sur le coude.

De quoy ta viande est tenue :
Le fait est vilain et honteux [1].

Enfant, en quelque compaignie
Que soyes, ne veuilles nifler [2]
Ton nez, ne faire hault sifler :
C'est deshonneur et mocquerie.

Enfant, metz ces dis en entente.
Et les retiens en ton couraige.
Le résidu de ton potaige
Jamais à autry ne présente.

Enfant, garde toy de frotter
Enssamble tes mains ne tes bras.
Ne à la nappe ne aux draps :
A table on ne se doit grater.

Enfant, après que tu as prins
Des biens de ton hoste ou hostesse,
Remercie les de leur largesse,
Tu n'en pourras estre reprins.

BALLADE A CE MESMES [3].

Enfant, oultre quoy que tu faces.
Après ton mengier et ton boire,
Souviengne toy de dire grâces,
Tu es obligé de ce faire.
Et remercie Dieu le père,
Qui des biens t'a donné assez.

[1] Voy. ci-dessus, p. 46.
[2] Renifler.
[3] Enfant est sous-entendu.

Et pour toutes œuvres parfaire
Prie Dieu pour les trespassez.

Enfant saige tenu sera
En toute bonne compaignie
Qui bien ces reigles gardera.
Sans avoir honte ou villonnye,
Qui les tiendra, je vous affye [1],
Dedens son cuer bien enchassez,
Honneur aura. Mais qu'il n'oublie
Prier Dieu pour les trespassez.

Enfant tu te doibs recoler [2],
Après qu'auras beu et mangié,
Et ains que t'en veuilles aler,
Pour ceulx qui ont les biens gaingnés,
Et te souviengne en pitié
Que de ce monde sont passez,
Ainsi que tu es obleigez,
Prier Dieu pour les trespassez.

Prince [3] enfant, tu es tenu
Des biens qui te sont amassez,
Dont ton estat est soustenu,
Prier Dieu pour les trespassez.

[1] Je vous assure.
[2] Souvenir.
[3] En vertu d'une règle assez étrange, l'*envoi* de toute
ballade commençait nécessairement par les mots *Roi, Reine,
Prince, Princesse* ou *Sire*, ces mots dussent-ils même n'a-
voir dans la phrase aucune raison d'être et ne former aucun
sens. Voy. Et. Pasquier, *Recherches sur la France*, t. I,
p. 698, et Th. de Banville, *Traité de poésie*, p. 192.

V

LES CONTENANCES DE LA TABLE[1].

[XVᵉ siècle.]

Se tu veulz estre bien courtois,
Gardes ces reigles en françois.

Assés souvent tes ongles roingne[2],
Longs ongles font venir la roingne[3].

De tes ongles oste l'ordure :
Les avoir ors[4] est grant laidure.

Lave tes mains devant disner,
Et aussy quant vouldras soupper.

Ainçois[5] fais bénédicité
Que prennes ta nécessité.

Seoir te peulz sans contredit
Au lieu où l'oste si te dit.

De pain, de vin tu dois peu prendre
S'autre viande doibs actendre.

Le morsel mis hors de ta bouche
A ton vaissel plus ne le touche.

Ton morsel ne touche à salière[6],
Car ce n'est pas belle manière.

[1] Même provenance que la pièce précédente, fol. 5.
[2] Rogne.
[3] La gale.
[4] Ords, sales.
[5] Avant.
[6] Ne sale pas ta viande en la mettant sur la salière.

Boy sobrement à toute feste,
A ce que n'affolles ta teste.

En ton vin et boire tenir,
Ne veulles long plait tenir [1],

Se tu fais souppes [2] en ton verre,
Boy le vin ou le gette à terre.

Ne boy pas la bouche baveuse,
La coustume en est honteuse.

Se tu te veulx faire valoir
Sobre parler tu dois avoir.

Il est conseillé en la bible
Entre les gens estre paisible.

Ne parles point la bouche pleine,
Car c'est laide chose et vileine.

Après, monstre toy liez tousdiz [3],
Ne habunde trop en vains dits.

S'on oste le plat devant toy,
N'en faiz compte, et t'en tais coy.

De la touaille [4] ne faiz corde,
Honnesteté ne s'y accorde.

En plain disner ou en la fin
N'efforce l'oste de son vin.

Et ne rempliz pas si ta pance
Qu'en toy n'ait belle contenance.

[1] Ne parle pas longtemps.
[2] Voy. ci-dessus, p. 38 et 118.
[3] Montre-toi gai toujours.
[4] Serviette.

Ne faiz pas ton morsel conduire
A ton coustel, qui te peult nuyre.

S'entour toy a de gens grans roucte [1],
Garde que ton ventre ne roupte [2].

Regarde à la table et escoute,
Et ne te tiens pas sur ton coulte [3].

Ne touche ton nez à main nue
Dont ta viande est tenue [4].

Ne torche de nappe tes dens
Et si ne la mès point dedens.

Ne offre à nul, se tu es saige,
Le demourant de ton potaige.

Tiens devant toy le tablier net;
En ung vaissel ton relief met [5].

Tiens toy nectement, et regarde
Comment à toy chacun prent garde.

Ne mouche hault ton nez à table,
Car c'est ung fait peu aggréable.

Ne frotte tes mains ne tes bras
L'un à l'autre, ne à tes draps.

Oultre la table ne crache point,
Je te diz que c'est ung lait point.

---

[1] Nombreuse assemblée. C'est l'origine de notre mot *rout* ou *raout*, que nous avons repris aux Anglais.

[2] Ne rote.

[3] Ton coude.

[4] Voy. ci-dessus, p. 174.

[5] Ne jette pas les restes sous la table.

Ne furge tes dens de la pointe
De ton coustel, je le t'apointe.

°Sé on met lettres en ta main,
Mès les tantost[1] dedens ton sein.

Se tu es servy de froumaige
Si en prens pou, non à oultraige[2].

Garde toy bien de conseiller
A table, ne de sommeiller.

Et se tu es servy de nois,
N'en mengeue que deux ou troys.

S'on sert de fruit devant lever[3],
N'en mengeue point sans le laver.

Quant ta bouche tu laveras,
Ou bacin point ne cracheras.

Quand tu rendras grâces à Dieu,
Sy te tiens en ton propre lieu.

N'oublie pas les trespassez
Qui de ce monde sont passez.

A ton hoste dois mercy rendre,
De t'en aler dois congié prendre.

Se on te fait boire après grâces
Soit en hanap, ou verre, ou tasses,

Laisse premier boire ton hoste
Et boy après quant on lui oste[4].

___

[1] Aussitôt.
[2] En grande quantité.
[3] Avant la fin du repas.
[4] Quand on lui reprend son verre. Voy. ci-dessus, p. 105.

Après, peulx dire à haulte voix
Adieu vous commans, je m'en vois [1].

Qui à ces ditz bien pensera
A table plus saige en sera ;

De seoir à table n'est digne
Qui d'aucun bien ne porte signe.

———

VI

Extrait de la *CIVILITÉ*

de Jean Sulpice,

imitée en français par Guillaume Durand *en 1545.*

[Année 1483.]

Je n'approuve pas commencer à manger et boire
dès incontinent que tu es hors du lict. Selon mon
jugement, on doit ordonner une heure pour prendre
son repas, comme à six ou sept heures après qu'on
est levé, et après qu'on a fait suffisant exercice du
corps et de l'esprit.

Et ne tenez longue table devant le feu en mangeant et yvrongnant. Faire telles choses, c'est acte
de tavernier et non d'homme sobre. Celuy qui est
studieux de civilité, et qui a la santé pour recom-
mandée, évite les occasions de telles gourmandises
et dissolutions aux repas.

[1] Je vous recommande à Dieu, je m'en vais.

Mets en ordre les licts pour dresser les bancs, chaises et escabelles le plus nettement que tu pourras [1]. Mets sur table des assiettes ou de pain ou d'estain, lesquelles communément on appelle des tranchoirs [2], du sel, du pain, du vin, un vaisseau d'eaue nette ou pour laver les mains ou pour mettre l'eaue au vin.

Il faut garder civilité en mangeant.

Les antiques se tenoient à table comme courbés et pendans sur l'estomach. Toutesfois l'aage auquel nous sommes tient pour plus honneste qu'en estant à table on soit droit depuis le fond du corps, sans trop baisser la teste ou la poictrine.

Les riches ont de coutume de faire toutes choses à leur plaisir et d'estre insolens plus que de raison. Parquoy il advient qu'ils soyent pleins d'insolence à table. De laquelle usans, s'ils tiennent les couldes sur la table, tu ne les imiteras en cela.

Ayant évité le vice des dessusdits, mets seulement les mains sur la table, et les mets avec une certaine dextérité et civilité, et non pas avec gestes rustiques et agrestes.

S'il y a des gens vieux ou plus honorables que toy, laisse les seoir chacun en son lieu, et ne prends place pour toy sinon celle que tu verras vuide et n'estre occupée d'aucun [3].

Où, estant debout, sers de verser à boire, assieds

[1] On voit que l'auteur donne à la fois ses conseils à l'enfant qui sert et à celui qui mange.

[2] Il y a dans le texte : « Et appone lautos orbiculos qui vulgo scissoria vocantur. » Voy. ci-dessus, p. 36.

[3] « Jubeo ut tu puer sedeas raro. »

les plats ou les oste. Mais quand tu fais l'office que
dessus, donne toy garde, en servant ou desservant,
de rien respandre sur les habillemens de ceux qui
sont à table : car par cela souvent les robes sont
diffamées par taches qu'à grand peine on peut faire
en aller.

Fay soudain et de bon cueur ce que ton maistre
te commandera, sans avoir aucunement esgard à ta
peine. Et s'il est de si grande humanité qu'il veuille
que tu sois assis, mets toi au lieu qu'il te dira.

Ne refuse point ce qu'un personnage honneste
t'aura baillé à table, encores qu'en cela tu ayes
honte de le prendre. Ne prends rien toutesfois sans
remercier avec bonne grâce et honnestes paroles
celuy qui t'aura départy de quelques metz.

Prends la viande avec trois doigts, et ne remply
la bouche de trop gros morceaux. Ne répute pareillement honneste mettre de la viande en la bouche
de chacune main et manger des deux costez.

Si tu es riche, fuy avarice, et ne sois chiche à
faire bonne chère et bien traiter tes amis.

Fais part à celuy qui est auprès de toy des viandes que tu as plus à main que luy. Sois aussi libéral
de tes viandes envers les pauvres.

Nous reprendrons et vitupérerons tousjours en
vous incivilité, gourmandise et tout autre vice
duquel vous userez à table.

Il ne faut pas vivre pour manger, mais manger
pour sustenter la vie. Par lequel dicton il faut
entendre que, sans nécessité, l'homme honneste et de
bonnes mœurs ne doibt prendre aucune viande,
ains tousjours éviter toute occasion de volupté et

plaisir quant à la gorge. Car si tu te remplis de
viande et de vin, cela portera un grand dommage
à la teste et à l'estomach, et gastera toute ta santé.
Car telle gourmandise et yvrongnerie n'estaindra
seulement les forces et puissances du corps, mais
affoiblira aussi et consumera toute la vivacité de
l'esprit.

Ne sallis point la nappe ou ta serviette en y laissant tomber quelque saulse, quelque brouët ou du
vin. Et te garde aussi que par semblables choses tu
macules ta robe devant l'estomach.

Garde toy pareillement que quelque chose ne te
pende du menton[1], comme quand on a humé le
brouët de souppes, ou quand on a trempé son
morceau en la saulce, ou quand on a beu.

D'avantage, la main de laquelle tu prends la
viande ne soit point grasse ou salle, par les morceaux que tu auras touchez.

Tu torcheras souvent ta bouche et tes doigts de ta
serviette[2].

Tu ne doibs point tenir long temps les mains sur
le tranchoir ou dedans le plat.

Prends ce qui t'est nécessaire de la viande qui est
mise devant toy; non pas toutefois en virant le
plat, comme ouvrant la gorge après les plus friands
morceaux.

Si celuy qui est assis auprès de toy ou devant toy

---

[1] « Ne mentum tibi stillet. »

[2] Le texte dit : « Sæpe ora et digitos mappa siccabis
adapta, » et le commentateur ajoute : « Tergebis sæpe linteolo quòd tibi a collo pendet os et digitos. »

taille quelque morceau, ne mets la main au plat jusqu'à ce qu'il ait prins ce qu'il voudra et qu'il ait retiré sa main.

Mais quand celuy qui mange avec toy taillera ou deschiquetera quelque viande, garde toy de prendre ou manger les morceaux ce pendant qu'il fait cela.

Un gourmand et un homme subject à sa gorge va cherchant et espiant sans aucune honte les plus friands morceaux. Quant à toy, tu doibs éviter tel vice.

On te tiendra pour vilain et deshonneste si tu mets les mains au sein, ou que tu te frottes quelque partie du corps deshonneste, et puis après tu viennes à esparpiller la viande avec les doigts.

Ne bransle point les jambes à table, à fin que tu ne faces tomber quelqu'un des assistans, ou que tu ne blesses personne, ou que tu te monstres inconstant ou mal appris.

Couppe en morceaux la part du pain ou de la viande que tu auras mise sur ton tranchoir devant que de la mettre en la bouche et devant que de la mascher.

Cela ne sent point la civilité tremper de rechef en la saulce le morceau que tu auras desjà mis en la bouche ou demy mangé.

Il est pareillement peu honneste de lécher ses doigts.

Ne ronge point les os avec les dents, comme les chiens; ou ne les decherne avec les ongles, comme font les oiseaux de proie. Mais tu les peux honnestement racler, amasser la chair avec le couteau.

Tout ce qui s'amasse de superflu sur la table, comme les crousles de pain, la peleure du froumage, des pommes et des poires, les os et autres choses, mets les dans un panier ou autre vaisseau pour ce accommodé, ou jette les os soubz la table auprès de toy[1]; mais que ce soit toutesfois sans blesser personne.

Ne taste point avec la main et ne marque point avec les yeux les meilleurs morceaux de la table.

Et quelque partie de la viande que tu touches ou prennes pour coupper, jette là dessus ta venë et non autre part.

Ne regarde point de costé ou de travers ce que mange ou ce que taille celuy qui prend son repas avec toy. Prends plustost garde à tes gestes et à tes mœurs.

Essuye toy la bouche devant que tu boyves et après que tu auras beu.

Si tu t'essuyes avec la main, je ne te loueray point en cela.

Porte le voirre[2] ou la tasse à la bouche d'une main seule[3], si la tasse où tu bois n'est de telle magnitude ou pesanteur qu'estoient les vaisseaux desquels Theseus se défendit contre les Centaures, si elle n'est aussi grande et pesante que le hanap de Belus, père de Dido, duquel hanap Virgile escrit au premier livre de son Ænéide[4].

---

[1] « Si cortex cumuletur super mensam, ossa jace in pateram vel præ pedibus. »

[2] Le verre.

[3] « Una manus sumat pateram. »

[4] Vers 733 et suiv.

Mais si le hanap où tu boiras est si pesant qu'il faille que tu le lièves avec les deux mains, tu feras cela avec grâce et honnesteté.

Pour le plus commun usage, prens le vaisseau où tu boiras avec trois doigts[1].

Ne presche point sur la vendange[2], ne cause point en tenant le verre.

Il est aussi deshonneste d'avoir la bouche pleine de viande quand tu veux boire.

Si le verre est un peu trop plein, ostes en du vin, à fin que quand tu auras beu il n'en demeure beaucoup, et que ton compagnon refuse à bonne cause de le boire[3].

Celuy qui veut garder sa santé ne boit point de vin qu'il n'y mette beaucoup d'eau, et mettra plus d'eau au verre que de vin.

En beuvant, tu ne feras plusieurs traicts, mais tout d'un traict tu boiras à ta suffisance.

Et ne bois tant en un traict qu'il semb'e après que tu sois las, et que tu sois contraint de respirer comme ayant perdu l'haleine. Car après avoir attrait son haleine, il s'ensuit un sifflement de lèvres, ce qu'il faut éviter après avoir beu.

Tu ne boiras point de si grand ardeur qu'il semble plustost que tu humes un œuf que tu boives.

Ne boy pas aussi trop lentement.

[1] « Sume pocula tribus digitis. »
[2] « Nec fare supra pocula. »
[3] « Deme merum cyatho, ne forte supersit multum quod tuus socius rite nolit sumere. » Il n'y avait souvent qu'un verre pour deux personnes

Boy trois fois à ton repas pour le plus. Si tu bois plus de trois fois, je te tiendray pour yvre. Regarde que c'est, et combien tu doibs boire.

Devant que tu boives à bon escient, il est honneste de taster le vin [1].

Sois que tu boives en verre, ou en tasse, ou en hanap, il faut pour honnesteté que le vaisseau soit petit.

Quand tu auras beu, essuye toy tousjours la bouche.

Après le repas, lave toy les mains et la bouche avec un peu d'eaüe ou de vin.

En faisant la révérence et serrant les bras avec bonne grace, dy le terme commun : Bon vous face [2].

Mais si tu es en tel estat de fortune qu'il te faille faire l'office de serviteur, ou par le commandement de tes parens ou pour l'absence des serviteurs, dessers tout selon son ordre.

---

1 « Antequam plene bibas, vinum gustare honestum est. »

2 « Et inflectens genu, et jungens brachia, dicito : Prosit. » Ce que le commentateur explique ainsi : « Jube cibum sumptum prodesse conviviis. »

VII

EXTRAIT DE LA *CIVILITÉ* D'ÉRASME,

traduite en français par PIERRE SALIAT *en* 1537.

[Année 1530.]

Il y en a qui sans cesse boyvent et mangent, non point qu'ils ayent faim ou soif, mais pource qu'ils ne sauroient aultrement maintenir leurs gestes s'ils ne se grattent la teste, ou s'ils ne fouillent en leurs dents, s'ils ne font quelque singerie des mains, s'ils ne se jouent de leur coulteau, s'ils ne toussent, ou s'ils ne crachent. Telle manière de faire procède d'une honte rustique, et porte semblant de sotie. Il fault passer ceste fâcherie en escoutant les propos des aultres, si l'opportunité de parler ne s'offre point.

C'est chose incivile d'estre assis à table comme pensif et rêvant. Vous en verrez d'aulcuns si mornes et si songeurs que mesmes ils n'oyent point ce que disent les aultres, et ne sentent point qu'ils mangent; et si vous les appelez par leur nom, ils semblent estre reveillés de quelque grant somme, tant ils ont le cueur à la mangeaille.

Il est deshonneste en tournant les yeulx à l'environ de la table regarder ce que chascun mange, et ne fault tenir longuement sa veue sur aulcun des assistens. Et est encores plus deshonneste regarder du coing de l'oeil ceulx qui sont à chascun costé de toy. Il est très deshonneste en tournant le col regarder ce qui se faict en une aultre table.

Il n'est beau ne honneste, non seulement à ung enfant mais aussy à nul aultre, de reporter et babiller s'il a esté dict ou faict à table quelque chose en liberté.

Quant l'enfant buvra et mengera avec ses supérieurs, qu'il ne parle jamais si la nécessité ne le contrainct, ou s'il n'est invité de quelqu'un à parler. Qu'il se soubzrie tout doulcement des choses qui seront dictes joyeusement; qu'il ne se rie jamais de paroles ordes et villeines, mais qu'il retire le front si celluy qui les aura proférées est homme de dignité, et face semblant comme si ne les avoit point ouyes ou entendues.

Le silence apporte honneur aux femmes, mais beaucoup plus aux petis enfans[1]. Aulcuns respondent devant que celluy qui parle à eulx ait achevé son propos; et, par ce, se faict souvent que tel respondeur est mocqué, et qu'il donne lieu à l'ancien proverbe : *tu rentres de picques*[2]. Ce enseigne

---

[1] Il y a dans le texte : « Mulieres ornat silentium, sed magis pueritiam. »

[2] Érasme avait écrit : « Detque veteri locum proverbio Ἄμας ἀπήτουν. »
Grâce à Suidas, l'expression grecque est plus facile à expliquer que l'expression française. Comme dans beaucoup de locutions proverbiales, une partie seulement de la phrase était exprimée; elle suffisait pour éveiller l'idée complète que voici : « *Je demandais des faux* et tu me réponds que tu n'as point de hoyaux. » Ce reproche fait bien penser à un interlocuteur distrait, qui répond sans avoir écouté. (Voy. le Lexique de Suidas, au mot Ἄμη.)
La phrase française que le traducteur donne pour équi-

le grand roy très saige, lequel attribue à sotie de
valent aux mots grecs se comprend moins facilement. Il
n'est toutefois pas douteux qu'elle fût proverbiale depuis le
seizième siècle. Voici les exemples que j'ai recueillis :

« C'est, dist le moine, bien rentré de piques. »
Rabelais, Gargantua, liv. I, ch. XLV.

« C'est bien rentré de picques noires, monsieur mon
maistre. »
Rabelais, Pantagruel, liv. III, ch. XXXIV.

« A l'aultre, dit Panurge, c'est bien rentré de picques
noires. »
Rabelais, Pantagruel, liv. IV, ch. XXXIII.

« Comme ces causoires (causeuses) finissoient leurs propos, une autre, rentrant, comme l'on dit, de treffes en
picques rouges, commença à discourir. »
G. de Rebreviettes, Le philaret (1611),
1re partie, p. 63.

« Mais, pour rentrer de pique noire, parlons de nostre
capitaine. »
Ad. de Montluc, La comédie des proverbes
(1630), acte II, sc. III.

Tout le monde est d'accord sur le sens qu'il faut donner
à ces phrases.

« C'est bien rentré de picques vertes ou noires, pour
dire qu'une personne parle hors de propos. »
Ant. Oudin, Curiositez françoises (1640),
p. 426.

« On dit : Voilà bien rentré de pique noire à celui qui
interrompt mal à propos une conversation. Et en cette
phrase, pique est féminin. »
Dictionnaire de l'Académie, éditions de 1694,
de 1718, de 1740 et de 1762, au mot
Pique. — Lignes reproduites en 1727 dans
le Dictionnaire de Furetière, et avec quel-
ques variantes dans celui de Trévoux en
1771.

Où tout s'embrouille, c'est lorsqu'il s'agit de déterminer
l'origine de cet étrange proverbe.

respondre devant que tu ayes ouy[1] : et certes
cestuy n'oyt point qui n'a point entendu[2]. Si l'enfant n'a point entendu celluy qui parle à luy, qu'il
se taise quelque peu, jusques à ce qu'il repète de
soy-mesme ce qu'il aura deit. S'il n'en fait rien,
mais le presse de respondre, l'enfant priera hum-

Voici ce qu'écrit Le Duchat (1711) dans ses notes sur Rabelais (t. III, p. 187) :

« On lit *rentré de treufles noires* dans les trois éditions
de Lyon et dans celle de 1626. Au lieu de *rentrer de treufles*, on dit aujourd'hui *rentrer de tréfles*, par allusion à
cette couleur du jeu de cartes; et c'est ce changement qui
a fait qu'on a dit aussi *rentrer de piques*. Mais c'est *rentrer de treufles* ou *de trufles* qu'on a dit originairement
dans la signification de parler mal à propos, et cette expression pourroit bien être venue de ce que les trufles (lisez
truffes) étant une espèce de dessert, il y a de l'incongruité
à les servir à l'entrée du repas. »

Il y a bien plus d'incongruité encore à tirer par les cheveux des étymologies aussi saugrenues. Pardonnons toutefois à Le Duchat, qui paraît s'être repenti sur son vieil âge,
car voici l'article qu'il fournit au *Dictionnaire étymologique*
de Ménage :

« *Rentrer de piques*, pour ce qu'on dit aujourd'hui *ren-
rer de tréfles*, c'est-à-dire faire un coq-à-l'âne, parler ou
répondre mal à propos. Je crois que c'est proprement jouer
par exemple pique au lieu de trèfle, ou comme on dit
mettre du cœur sur le quarreau, ou commé on dit encore
juste et quarré comme une flûte. Rabelais dit *rentrer de
picques noires*, comme les paysans, en jouant aux cartes,
disent *quarreau rouge* lorsqu'ils rentrent ou jouent quarreau. »

[1] « Qui prius respondet quam audiat, stultum se esse
demonstrat et confusione dignum. » (Salomon, *Proverbes*,
XVIII, 13.)

[2] « Non audit autem qui non intellexit. »

blement qu'il luy pardonne, et qu'il luy plaise dire derechef ce qu'il a deit. La demande entendue, qu'il interpose quelque peu de pause, puis qu'il responde briefvement et joyeusement.

Il ne fault rien dire à table qui trouble la bonne chère. De y toucher la renommée d'aultruy, c'est très mal faict. Et n'y fault renouveller sa douleur à personne.

Blasmer les viandes qui se présentent sur table est réputé incivil, et n'est agréable à celluy qui te reçoit. Si c'est du tien que se faict le bancquet, ainsy qu'il est civil d'excuser le petit appareil et traictement, aussy est une saulse peu savoureuse pour les assistens que louer les viandes ou dire combien elles ont cousté. Finablement s'il y a quelqu'un à table qui par sotie face quelque chose assez lourdement, il fault plustost la dissimuler civilement que s'en mocquer.

Il fault qu'en une table y ait liberté. C'est chose villeine et vitupérable, ce dict Horace, de tirer à descouvert si on a deit quelque chose à table peu sagement ou sans y penser. Tout ce qui s'y faict ou deit se doit imputer au vin, affin que tu n'oyes la loy des Grecs : *Je hays l'hoste qui est mémoratif.*

Si le repas est plus long que ne requiert l'eage puerille, et semble qu'il tende à superfluité, incontinent que tu auras satisffaict à nature, retire toy ou secrètement ou en demandant congé. Ceulx qui contraingnent les enfans à endurer faim, certes selon mon opinion ils raffollent ; et ne raffollent guères moins ceulx qui les crèvent presques de menger. Car ainsy que l'une de ces manières débilite les forces du petit corps, pareillement l'aultre offusque l'esprit. Il fault apprendre une modération dès le commencement. Il fault repaistre le corps de l'enfant sans le saouler entièrement, et fault ce faire plustost souvent que largement.

Il y en a qui ne savent quant ilz sont saouls, sinon quant le ventre leur tend si bien qu'ils sont en dangier de crever ou de rendre leur gorge par vomissement.

Ceulx aussy hayent [1] leurs enfans, qui combien qu'ilz soient jeunes et tendres, les laissent tenir table presque toute la nuict. S'il te fault doncques lever d'ung repas qui sera trop long, oste ton assiette et trenchoir avec les reliefz, et ayant salué celluy qui semble estre le plus honnorable de la compagnie, puis tous les aultres ensemble, retire toy. Mais retourne tantost après, à celle fin qu'il ne semble que tu te sois levé pour jouer, ou pour quelque chose peu honneste. Estant retourné, s'il est besoing sers, ou te tiens debout devant la table bien révéremment, comme attendant s'il y aura personne qui te commande. Si tu sers ou desers, garde toy de gaster la robe de quelqu'un ou de jus, chauldeau, ou aultre chose.

Voulant moucher la chandelle, oste la premièrement de la table, et marche du pied dessus ce que tu en auras mouché, affin que nulle maulvaise odeur n'offense les narines.

Si tu bailles ou verses quelque chose, garde toy de le faire avec la main gauche.

---

[1] Haïssent.

Quant on t'aura commandé de dire Grâces, dispose toy comme tout prest à dire quant il sera temps, et que chascun se taisra. Allors le visaige soit tourné révéremment et constamment au plus hault assis de la table.

VIII

ᴇxᴛʀᴀɪᴛ ᴅᴇ ʟᴀ *CIVILITÉ* ᴅ'Éʀᴀsᴍᴇ,

imitée en français par C. Cᴀʟᴠɪᴀᴄ *en* 1560.

[Année 1530.]

D'aucuns prient Dieu avant que de s'asseoir à table, ou estant assis font prier les enfans debout, et avant que de les faire asseoir. Les autres prient tout en estant assis, en quoy n'y a point d'inconvénient, moyennant qu'on s'accommode aux lieux, aux personnes et coustumes. Par quoy l'enfant y procédera selon qu'il luy sera commandé sans aucune difficulté.

L'enfant estant assis, s'il ha une serviette devant luy sur son assiette, il la prendra et la mettra sur son bras ou espaule gauche, puis il mettra son pain du costé gauche et le cousteau du costé droit, comme le verre aussi, s'il le veut laisser sur la table, et qu'il ait la commodité de l'y tenir sans offenser personne. Car il pourra advenir qu'on ne sçauroit tenir le verre à table ou du costé droit sans empescher par ce moyen quelqu'un, ou d'at-

taindre au plat, ou d'avoir ses commoditez. Et
pourtant il fault que l'enfant ait la discrétion de
cognoistre les circonstances du lieu où il sera. Le
plus souvent en France on ne tient point le verre à
table, parquoy, d'autant que c'est principalement
pour les Françoys que icy j'ay escript ce petit livre,
ne sera de besoing d'incister plus longuement sur
ce poinct.

Cela fait, l'enfant tiendra son corps droit, avec
une juste et honneste mesure, sans se pancher et
tenir courbé sur sa viande, ne aussi trop renversé,
comme s'il regardoit au souliveau de sa chambre,
comme font les pensifz et ceux qui ayment trop ou
mesprisent la viande que leur est présentée.

Il ne faut point qu'il se verse en sa chaire ou
escabelle, ne qu'il bransle les jambes ou les remue,
ou les cuisses, tantost l'une tantost l'autre (si non
que le propos que l'on pourroit tenir l'y contrai-
gnit) : car ceste contenance n'est pas moins deshonneste que odieuse aux assistans.

Semblablement, il faut que l'enfant tienne ses
deux mains sur la table et non pas au giron, au
sein, ny en autre part, ne d'une, ne les deux, car
cela est à faire aux sotz. Et ne doit point tenir les
deux mains joinctes ensemble, en croix l'une sur
l'autre, ne autrement, ny aussi toutes deux sur son
tranchoir, car tout cela n'est honneste.

L'enfant ne doit point tenir ses mains sur la table
plus avant que iusques à la manche du pourpoint,
ou tout au plus jusqu'au demi bras et l'un des bras.
Si la nécessité ou commodité s'y présente d'y tenir
un ou les deux coudes comme les gens vieux ou

ennuyés, cela ne peust estre tenu que pour sot à un
jeusne enfant, veu que mesme aux grans cela ne
peust estre trouvé bien séant ne honneste, si non
que par maladie ou autre telle juste occasion ilz y
feussent contrainctz.

Il ne faut point que l'enfant commence son repas
par le boire, combien qu'il soit fort altéré, car s'il
boit sans premier avoir mangé, ce boire le luy fera
mal. Davantage, de commencer par le boire, c'est
le propre des yvrongnes, qui boyvent plus par
coustume que par soif.

Il commencera donc par le manger, et en premier
lieu couppera du pain avec son cousteau, et non
point avec les mains comme les affamés, ne avec le
bout des deux doigts comme ceux qui veulent con-
trefaire les délicatz courtisans. Que si c'est au desjeu-
ner ou au disner, et qu'il y ayt des œufs moletz avec
la coque à manger, l'enfant couppera premièrement
du pain et fera des apprestz, et après ouvrira son
œuf, et l'ayant salé le mangera avec les appretz de
pain qu'il aura couppé auparavant. Et ne sera
point le premier qui prendra son œuf du plat, mais
après que ceulx qui seront plus grans que soy en auront prins (s'ilz en veulent prendre) il prendra le sien.
Et après l'avoir mangé s'il ha soif et que les plus
grans que soy ayent beu, il pourra demander à
boire. Or en mangeant son œuf, il ne doyt point
nettoyer la coque d'iceluy avec les doigs, mais
seulement le manger avec les dictz appretz de
pain.

Que s'il ny a point d'œufs en ce repas, l'enfant
ne sera le premier qui mettra la main au plat, soit

au potage ou à la chair. Mais après que les plus
grans que soy en auront prins, il en prendra modestement, sans s'y affectionner ne précipiter par
trop comme les loups et dissolus, ne aussi s'y porter trop mollement ou cérimonieusement comme
les hypocrites et les sotz.

Que si davantage, il ha son potage à part soy, et
qu'il luy faille commencer son repas par là, il ne
boyra pas en mangeant son potage, ne soudain
après qu'il l'aura mangé, sans que premier il ait
mangé autre chose. La seconde[1] au millieu du repas,
après avoir mangé de quelques metz sec, ou pic-
quant, ou altérant, si point en mange. Et la troisiesme à la desserte.

Le breuvage de l'enfant doit estre du vin si trempé
que ne soit que eau, car comme dit Platon à ce
mesme propos : « on se doit garder de mettre feu sur
feu, » ce que ce seroit si l'enfant (qui n'est que cha-
leur et feu) beuvoit du vin pur ou mal trempé, ou
de la bière ou cervoise violente. Davantage voy-cy
quelle punition reçoivent les enfans qui usent du
vin mal trempé, ou de la bière qui est trop violente :
les dens leur deviennent jaulnes, ou noires, ou
rouillées, les joues pendantes, les yeux chassieux,
et l'entendement stupide et hébété.

Si l'enfant ha quelque morceau dans la bouche,
il fault qu'il l'avale premièrement, et qu'il nettoye
ses lèvres avec sa serviette, et puis il pourra boire.

Que si quelqu'un le convie à boire, il le remerciera et n'en boira que bien peu. Que si quelqu'un

[1] Il boira une seconde fois.

boit à sa bonne grâce, il le remerciera et s'il est prest
à boire comme luy, il luy pleigera[1].

En beuvant, l'enfant tiendra le verre par le pied,
ou si c'est une coupe ou un verre trop grand il le
pourra prendre honnestement par le meillieu.
Item, n'avallera point hastivement et ne mettra
point la lèvre d'en haut si avant dans le verre qu'il
la trempe toute. Et se gardera de faire résonner son
gosier en avallant le vin à la mode des dissolus :
car tout cela est deshonneste. Comme aussi de boire
en regardant ailleurs qu'en son verre : mais il faut
que l'enfant boive modestement, pensant à ce qu'il
faict, et ayant la face joyeuse et libéralle, et non
point avec trop grande craincte ne hardiesse.

En mangeant, comme l'enfant ne doit point estre
trop honteux à prendre honnestement ce que luy
faut, aussi ne faut-il point qu'il face comme un tas
de gourmans, qui tiennent tousjours trois morceaux
au lieu d'un, l'un à la bouche, l'autre à la main,
et le troisiesme des yeulx au plat ou à l'assiette.
Mais il doit prendre le premier qui luy viendra en
main de son tranchoir. Et après que ce qui est sur
son assiette sera finy, ou quand il en voudra prendre au plat, si cela luy est permis et en usage, il
prendra de la chair qui est de son costé dans le
plat, sans l'avancer jusques à choisir les plus frians
morceaux, lesquelz il doit laisser à plus grans que
soy, et puis en couppera sur son tranchoir.

Que s'il y a des sauces, l'enfant y pourra tremper
sa chair après les autres. Que si les autres y trem-

[1] Voy. ci-dessus, p. 116.

pent leur pain, il y pourra aussi tremper honnestement et sans tourner de l'autre costé après qu'il
l'aura tremper de l'un, ny le gadrouiller dedans le
plat. Et n'y doit point tremper des grandes pièces ou
morceaux de pain à la rustique, ne ceulx ausquelz
il aura une fois mordu, ne y retourner trop souvent,
car tout cela n'est pas moins deshonneste que sot ou
dissolu.

Que si on présente à l'enfant quelque bon morceau par extraordinaire, il le refusera modestement
deux ou trois fois pour le plus, en remerciant celuy
qui le luy présente. Que si on insiste à le luy présenter et que ce soit chair, il la recevra avec les
trois doigts, au dessus son tranchoir; si c'est chose
humide ou liquide, il présentera plustost son assiette
pour la recevoir, que les doigts.

Et s'il luy avenoit de la recevoir avec ses doigts,
il ne les leschera point comme les frians, mais les
essuiera, non point à sa robe comme les villains,
ains à sa serviette, ou s'il n'en ha point à la nappe.
Et si on luy en ha donné beaucoup plus, il en
pourra faire part à ses compaignons.

Que si quelqu'un ha de coustume de trancher à
l'enfant pour son ordinaire[1], il ne sera pas si hardy
que d'avancer son tranchoir avant qu'on luy présente; et si on lui présente quelque chose qu'il
n'ayme point, il la pourra refuser en remerciant
celuy qui la luy présente; et si on insiste à la luy
présenter, il se pourra excuser honnestement et
dire pourquoy il ne la reçoit point.

---

[1] A coutume de le servir.

Il est bien nécessaire à l'enfant qu'il apprenne
dès sa jeunesse à despécer un gigot, une perdrix,
un lapin et choses semblables, afin qu'il puisse
trancher[1] plus honnestement tout le tems de sa vie
en la compaignie où il se trouvera.

Si on luy présente à trancher pour soy d'une espaule ou autre membre du mouton, il en doit prendre du costé qui est entamé : car c'est une chose
aussi friande que deshonneste de prendre ou trancher de tous les costez qui luy semblent bon.

C'est une chose par trop ords[2] que l'enfant présente une chose après l'avoir rongée, ou celle qu'il
ne daigneroit manger, si ce n'est à son serviteur.

Il n'est non plus honneste de tirer par la bouche
quelque chose qu'on aura jà mâchée, et la mettre
sur le tranchoir ; si ce n'est qu'il advienne que quelque foys il succe la moelle de quelque pétit os,
comme par manière de passe temps en attendant la
desserte, car après l'avoir succé il le doit mettre sur
son assiette, comme aussi les os des cerises et des
prunes et semblables, pour ce qu'il n'est point bon
de les avaler ny de les jecter à terre.

Que s'il advient qu'il ait mâché quelque chose
qui ne soit pas bon de l'avaller, il tournera la face
arrière de la table et mettra sa serviette devant
icelle du costé de la table, et là jettera avec telle
honnesteté que personne de la compaignie n'en soit
offensé.

L'enfant ne doit point ronger indécentement les

[1] Découper.
[2] Sale.

os, comme font les chiens : mais en tirer honnestement la chair ou la moelle qui estame son cousteau. Et après l'avoir nétoyé, il ne le doit point jecter à terre, ne les reliefs de son assiette, ne aussi ne les laisser trainner sur la nappe : mais les séparer en un coing de son assiette et ne les doit point reprendre, ny la viande à demy rongée puis qu'une fois l'aura mise à part, car cela est incédent et deshonneste.

Quant l'enfant voudra du sel, il en prendra avec la poincte de son cousteau, et non point avec les trois doigs; car on dict en commun proverbe, que la marque des trois doigs imprimés en la salière sont les armes des villains. Que si la salière est trop loing, tellement que l'enfant n'y puisse attaindre, il pourra demander en tendant son assiette.

Il fault que l'enfant couppe sa chair en menus morceaux sur son tranchoir, et que la mangeant avec du pain, il la mâche bien avant que l'avaller, car cela est honneste et profitable à la santé du corps. Et ne faut point qu'il porte la viande à la bouche tantost d'une main tantost de l'autre, comme les petis qui commencent à manger : mais que tousjours il le face avec la main droicte, en prenant honnestement le pain ou la chair avec troys doigs seulement[1].

Quant à la manière de mâcher, elle est diverse selon les lieux ou pays où on est. Car les Allemans mâchent la bouche close, et trouvent laid de faire

---

[1] Les trois paragraphes qui suivent, jusqu'à : « En mangeant comme nous avons dit, » ne figurent pas dans le livre d'Érasme.

autrement. Les Françoys au contraire ouvrent à
demy la bouche, et trouvent la procédure des Allemans
peu ord. Les Italiens y procèdent fort mollement, et
les François plus rondement et en sorte qu'ils
trouvent la procédure des Italiens trop délicate et
précieuse. Et ainsi chacune nation ha quelque chose
de propre et différent des autres. Pourquoy l'enfant
y pourra procéder selon les lieux et coustumes d'i-
ceux où il sera.

Davantage les Allemans usent de culières en mangeant leur potage et toutes les choses liquides, et
les Italiens des fourchettes. Et les Françoys de l'un
et de l'autre, selon que bon leur semble et qu'ilz en
ont la commodité. Les Italiens se plaisent aucunement[1] à avoir chacun son cousteau. Mais les Allemans ont cela en singulière recommandation, et
tellement qu'on leur fait grand desplaisir de le
prendre devant eux ou de leur demander. Les François au contraire : toute une pleine table de personnes se serviront de deux ou trois cousteaux, sans
faire difficulté de le demander, ou prendre, ou le
bailler s'ilz l'ont. Par quoy, s'il advient que quelqu'un demande son cousteau à l'enfant, il luy doit
bailler après l'avoir nettoyé à sa serviette, en tenant
la poincte en sa main et présentant le manche à
celuy qui le demande : car il seroit deshonneste de
le faire autrement.

En mangeant, comme nous avons dit, l'enfant
doit faire de petis morceaux, et les mâcher bien
avant que de les avaller, tant pour l'honnesteté

---

[1] Se plaisent en général.

comme pour sa santé. Et non pas dévorer, comme aucuns qui engloutissent plustost qu'ilz ne mangent, et s'y précipitent comme s'ilz desroboyent ce qu'ilz mangent, et comme si on les devoit tous incontinent mener en prison pour y faire abstinance.

L'enfant ne doit pas si fort remplir sa bouche que les deux joues en sortent comme celles d'un sonneur de trompette ou de cornemuse, ne ouvrir si fort les mâchoires qu'elles sonnent haut comme celles des pourceaux. Ne aussi souffler ses narrines par une affection et ardeur à manger qu'il semble qu'il se veuille étrangler.

IX

EXTRAIT DE LA *CIVILITÉ* D'ÉRASME,

traduite en français par CLAUDE HARDY *en* 1613.

[Année 1530.]

Soys joyeux à table, soys modeste et retenu, sans user d'aucune mesdisance. Qu'il ne t'arrive de t'asseoir sans avoir lavé tes mains; mais que tes ongles soyent premièrement couppez, de peur qu'il n'y ait quelque ordure adhérente en iceux, et que tu ne sois réputé mal propre et incivil. Ayant auparavant lasché ton eauë, et esté à la garderobbe s'il en estoit besoin. Et si d'adventure ta ceinture te serre trop estroict, il faut aussi la relascher, ce qui seroit trouvé deshonneste estant assis en table.

En lavant tes mains, rejecte au loing toutes sortes de tristesse qui te pourroient travailler l'esprit; car il ne faut estant en table estre mélancholique, ny attrister et ennuyer les autres.

Si l'on te commande de faire la bénédiction, compose ton visage et tes mains à la dévotion, jettant ta veuë sur le plus apparent de la compaignie, ou sur l'image de Jésus-Christ s'il y en a d'advanture quelque une, faicts une humble révérence à la prolation du nom de Jésus ou de la Vierge sa mère. Si ceste charge est donnée à quelque autre, preste l'oreille avec dévotion pareille, et responds quand il en sera temps[1].

Cède volontiers la place la plus honnorable à un autre, et estant convié de t'y mettre, excuse t'en courtoisement. Mais si quelque personnage d'authorité te le commande, faicts le avec quelque espèce de honte, pour n'encourir le blasme d'estre plustost opiniastre que cruel et courtois.

Estant assis, mets tes mains sur la table sans estre joinctes ny sur ton assiette; car il y a aucuns qui ont ceste mauvaise accoustumance que d'en mettre l'une ou l'autre en leur giron. S'appuyer sur la table de l'un ou de l'autre coulde est chose pardonnable aux vieillards ou ceux qui sont attenuez de maladie. Quelques mignons de courtisans practiquent le semblable, et pensent que tout ce qu'ils font est accompaigné de bien-séance[2] : il faut

---

[1] Voy. ci-dessus, p. 35.
[2] « Idem in delicatis quibusdam aulicis, qui se decere putant quicquid agunt. »

dissimuler et feindre de ne le trouver mauvais, mais pourtant ne faut les imiter. Puis il faut se prendre garde de ne donner du coulde à celuy qui est proche de toy, et de ne donner du pied à celuy qui est assis à l'opposite. Brandiller son siège, se bercér et s'asseoir ores sur une fesse, ores sur l'autre, cela donne à penser que tel personnage ou lasche son vent, ou qu'il a volonté de le faire[1]. Et pourtant, il faut que le corps soit droict et eslevé d'une juste balance qui ne panche ny de costé ny d'autre.

Si l'on te baille une serviete, mets-la sur l'espaule ou bien sur le bras gauche.

Quand il t'arrivera de prendre ton repas avec personnages d'honneur et de qualité, sois curieux de te peigner auparavant, et tiens toy la teste descouverte si ce n'est que la coustume du pays te persuade le contraire, ou que l'authorité de quelqu'un ne te le commande, auquel cas il seroit jugé malséant de désobéir.

Ceste coustume est en usage en quelques pays, que les enfans ne mangent jamais en la grande table, sinon au bas bout, ayant la teste descouverte. Que les enfans en ces lieux-là n'approchent de la table si l'on ne leur commande; et quand ainsi sera, qu'ils ne s'y tiennent jusques à ce l'on aye entièrement parachevé le repas. Mais ayant suffisamment prins leur réfection, levant leur assiette et ployant le genouïl, qu'ils facent la révérence, se

---

[1] « In sella vacillare, et nunc huic nunc alteri nati vicissim insidere, speciem habet subinde ventris flatum emittentis aut emittere conantis. »

tournant vers celuy principalement qui est le plus apparent et honorable.

Que le verre soit mis du costé de la main droicte et le couteau pour trancher sa viande bien nettoyé, et que le pain soit à la main gauche.

Presser d'une main le pain et le rompre à beaux ongles et avec le bout des doigts, c'est un plaisir qué tu doibts quiter[1] à quelques gens de court. Pour toy, il te convient de le coupper honnestement avecques le cousteau, sans arracher ou coupper la crouste tout autour. Les anciens en tous leurs repas usoient du pain avec beaucoup de cérémonie, et de là nous reste encores ceste coustume que si le pain est par hasard tombé en terre de le baiser après l'avoir relevé[2].

De boire à l'entrée du repas est le propre des yvrongnes qui boivent non pour rassasier leur altération, ains par accoustumance. Ceste chose n'est pas seulement deshonneste pour les mœurs, ains elle porte nuisance à la santé du corps. Il ne faut pas boire pareillement incontinant après avoir prins son potage, et moins encores après le laict : il n'est pas bien séant ny bon pour sa santé. Que l'enfant en son repas ne boive plus de deux ou de trois fois au plus, qu'il boive une fois après avoir mangé quelque temps du second mets, et notamment du rosty, puis après sur la fin du repas. Et encores qu'il boive posément, sans se remplir jusques au

---

[1] Laisser.
[2] « Unde nunc quoque mos relictus est, cum forte delapsum in humum exosculari. »

gosier, et sans souffler, comme les chevaux font pour prendre alaine.

Et le vin, et la cervoise qui a autant de force d'enyvrer que le vin, comme ils sont contraires à la santé des enfans, aussi deshonnorent-ils la civilité de leurs mœurs. L'usage de l'eauë est convenable au tempérament de cest eage bruslant, et si la qualité de la région ou quelque autre raison y répugne, alors tu useras ou d'une sorte de cervoise qui soit petite, ou d'un vin non fumeux ny violant, mais bien trempé avec l'eauë. Autrement ces récompenses accompagneront ceux qui seront addonnez au vin, avoir les dents pourries et gastées, les jouës pendentes, affoiblissement de la veuë, stupidité d'entendement, vieillesse précipitée et venuë avant l'eage.

Avant que de boire, avalle la viande que tu auras mâchée, et ne porte le verre à ta bouche plustost que tu ne l'ayes essuyée avec la nappe ou à ta serviette[1], principallement si quelqu'un te baille son verre, ou si il te faut boire dans la couppe où l'on verse à boire pour chacun[2]. C'est chose malhonneste en beuvant de regarder de costé, comme aussi c'est une incivilité de pancher la teste en arrière, comme les cygoignes, afin qu'il ne reste rien dedans le verre.

Si quelqu'un te convie de boire, qu'il le remercie courtoisement, et approchant le verre de ses lèvres, qu'il face feinte de boire sans faire autre chose

---

[1] « Mantili aut linteolo. »
[2] « Aut ubi de communi bibitur poculo. »

que gouster, et cela suffira à celuy qui sçaura
accortement dissimuler, qui prometera de para-
chever lors qu'il aura plus d'aage, si celuy qui
aura beu à luy estoit si mal apprins que de le vouloir contraindre de boire d'autant.

Il y en a qui n'ont pas le loisir d'estre assis à la
table pour mettre la main au plat, et prendre des
viandes : c'est faire comme les loups affamez, et
comme dit le proverbe, de ceux qui tirent des chau-
dières et marmites, dévorent les viandes des bestes
avant qu'elles soyent immolées. Garde toy de porter
la main au plat le premier, non seulement pour ce
que cela arguë ta gourmandise, mais aussi pour
autant qu'il y a du danger; car qui sans y prendre
garde a mis en sa bouche quelque morceau trop
chaud est contrainct de le remettre honteusement,
ou en l'avallant de se brusler le gosier : et delà
adviendra que de l'un et de l'autre tu seras moqué,
outre le mal qui t'en arrivera. Afin que l'enfant
s'accoustume de bonne heure à commander à ses
appétits, il faut qu'il s'arreste quelque temps sans
toucher aux viandes. De ce conseil usa le sage
Socrates, qui mesme en sa vieillesse ne voulut jamais
boire des premiers.

S'il est assis en table avec plus grands que soy,
qu'il garde ceste reigle de mettre le dernier la main
au plat, encores ne le doit-il faire s'il n'en est convié. Tremper ses doigts dedans les saulses, c'est le
propre des gens de village. Mais il doit avec le
cousteau ou la fourchette tirer du plat ce que bon
luy semble, sans choisir dans le plat de tous costez,
à la mode des frians ; mais qu'il prenne seulement

ce qui se rencontrera devant luy. Cela mesme faut-
il qu'il l'apprenne d'Homère, chez lequel ce vers
est fort fréquent :

Aussi tost hardiment sur viandes portées
Qu'ils avoient devant eux, ils ont les mains jettées.

Semblablement, si l'enfant a devant soy quelque
viande exquise, qu'il la laisse pour autruy, et qu'il
en prenne quelque autre qui soit proche. Comme
doncques c'est le propre d'un friant de mettre la
main en tous les costez du plat, aussi est-il semblablement indécent de tourner le plat, afin que les
meilleurs morceaux viennent à toy.

Si quelqu'un te présente quelque morceau friant,
après avoir dit quelque excuse prends le. Mais
ayant coupé pour toy une petite part, donne le
reste à celuy qui te l'a baillée, ou en faicts part à
celuy qui sera assis près de toy.

Tout ce que tu ne pourras recevoir avec les doigts,
il faut le recevoir sur ton assiette[1].

Si l'on te présente du gasteau ou du pasté avec
la cueiller ou sur l'assiette, reçois le, ou bien ayant
prins la cueiller que l'on t'aura offerte, l'ayant
vuidée sur ton assiette, rends la. Et si ce que l'on
t'a donné est liquide, prens le pareillement, et
avant que rendre la cueiller essuye la à ta serviette.

C'est aussi une espèce d'incivilité bien grande,
ayant les doigts sales et gras, de les porter à la
bouche pour les lécher, ou de les essuyer à sa jac-

[1] « Quod digitis excipi non potest, quadra excipiendum est. »

12.

quette ; il sera plus honneste que ce soit à la nappe ou à la serviette. Avaller aussitost les morceaux tous entiers appartient aux cygoignes et aux tondeurs de nappes et escornifleurs [1].

Si quelqu'un a découpé la viande, il n'est pas honneste d'avancer ny la main, ny l'assiette, auparavant qu'il t'en présente, de peur de donner à cognoistre que tu as volonté de prendre ce qui est préparé pour quelque autre. Il faut recevoir avec trois doigts, ou avec l'assiette ce que l'on t'offrira [2]. Si ce que l'on te présente n'est propre à ton estomach, garde toy de respondre comme le comique Clitiphon : « Mon père, je ne sçaurois recevoir ce que vous me présentez, » mais remercie courtoisement ; car c'est une honneste refus. Si tu es importuné de bien près, dits avec quelque honte, ou que telle viande ne t'est propre, ou que tu n'as plus besoin de manger.

Il faut apprendre aux jeunes enfans dès leur jeune eage la manière de coupper et tailler les viandes, sans beaucoup de cérémonie comme font plusieurs, mais une façon civile et qui soit facile. Car l'on tranche une espaule d'une façon et une esclanche d'une autre, autrement un collet, autrement un haut costé, autrement un chappon, autrement un faisan, autrement une perdris, autrement un canard. De laquelle chose comme il seroit trop

---

[1] « Integros bolos subito deglutire cyconiarum est ac balatronum. »

[2] « Quod porrigitur, aut tribus digitis, aut porrecta quadra excipiendum. »

long de discourir par le menu, aussi n'en est-il nullement besoing. L'on peut en somme tenir pour maxime que c'est le propre d'un friant de prendre de tous costez selon ses appétits.

Cela est de mauvaise grâce de présenter à autruy les viandes que tu auras à demy mangées.

Tremper en la saulce le pain que tu auras mords, appartient à un homme de village et mal apprins. Comme pareillement c'est un tour d'incivilité d'oster de sa bouche la viande que tu as jà mâchée, et la mettre sur ton assiette. Si par cas fortuit, tu as prins quelque chose que tu ne doive avaller, destournant ta face sans estre apperçu, rejette-le en quelque endroit. L'on trouve mauvais aussi de reprendre la viande demy mangée, ou les os que l'on a mis à quartier sur son assiette. Ne jette point dessous la table les os ou quelques semblables restes, afin de ne salir la place, ny pareillement sur la nappe, ny dans le plat ; mais conviendra les mettre sur quelque coing de ton assiette ou dans un plat qui selon que l'on a accoustumé en quelques lieux est présenté pour recevoir tous les restes.

De donner de la viande aux chiens des autres est un acte de sottise, qui est encores plus grande de les prendre entre ses bras estant à table, et les caresser. Nettoyer la coque de l'œuf avec les ongles des doigts, ou avec le poulce est chose ridicule, et faire le semblable avec la langue l'est encores plus, cela se pourra faire plus civilement avec le cousteau.

Ronger les os est le propre des chiens. Se servir du cousteau pour en tirer la chair est beaucoup plus honneste.

Trois doigts imprimez en une sallière sont appelez par commune gosserie : les armes d'un vilain [1].
Il faut prendre le sel avec le cousteau autant que
l'on en a affaire. Si la sallière est trop esloignée, il
en faut demander en présentant ton assiette.

Il n'appartient qu'aux chats, et non pas aux
hommes, de lescher l'escuelle ou l'assiette dans
laquelle y aura eu du sucre ou quelque chose de
doux.

En premier lieu, que l'enfant couppe en petits
morceaux sa viande sur son assiette, et puis incontinent qu'il prenne du pain, et qu'il masche l'un
et l'autre quelque temps avant que de l'envoyer en
l'estomach : cela n'est pas seulement convenable
aux bonnes mœurs, mais aussi profite grandement
pour la santé du corps.

Il y en a qui véritablement dévorent plustost
qu'ils ne mangent, comme s'ils estoient prests
d'estre menez en prison, ou l'on deust les faire
jeûner au pain et à l'eauë. Telle façon de manger
avidement n'appartient qu'à ceux qui dérobent ce
qu'ils mangent.

Aucuns y a qui emplissent leur bouche de telle
sorte, que leurs deux joues s'enflent ainsi que des
soufflets ; les autres en mangeant ouvrent tellement
la bouche, et font autant de bruit que pourceaux ;
et d'autres par une grande avidité de manger souf-
flent des narines, comme s'ils se devoient estran-
gler.

[1] « Tres digiti salino impressi, vulgari joco dicuntur agres-
tium insignia. »

Boire ou parler alors que la bouche est pleine,
n'est ny honneste ny exempt de danger.

X

 Extrait de *La Civilité puérile et morale* [1].

[XVIIe siècle.]

Faut aporter des plats
Quand la mère en demande,
A l'heure du repas,
Pour y mettre de la viande.

Le beau petit poupon
Qui obéit à sa mère,
C'est mon petit garçon ;
Je l'aime, dit le père.

Prier Dieu nous devons,
En le remerciant,
A l'heure que dinons,
Comme aussi en soupant.

Il est bien raisonnable,
Loüons-le. Pour certain,
Les biens qui sont sur table
Proviennent de sa main.

---

[1] *Civilité puérile et morale, pour instruire les enfans à
se bien comporter, tant envers Dieu que le prochain, par
des figures exemplaires sur plusieurs défauts et accidens qui
leur arrivent. Très utile pour porter à l'école, afin d'y
aprendre à bien vivre et lire. A Dijon, chez C. Michard,*

Si ta mère te dit
De tourner la broche,
Fais-le sans contredit,
Pour éviter reproche.

Friand point ne seras,
Ny gourmand, ny yvrogne.
La paresse aussi fuiras
Qui te causent vergogne.

Voyez ces petits coquins,
Tous ladres et puants,
Enflés comme des bouquins
En la fleur de leurs ans.

L'un but ancre et vignaigre,
L'autre épingles rongeoit,
Et l'autre eut la face maigre
Quoique de manger crevoit.

XI

EXTRAIT DE *La Civilité honneste pour l'instruction des enfans* [1].

[Année 1648.]

De la table et comme l'enfant s'y doit porter. — L'enfant doit avoir ceste considération de tousjours

imprimeur et marchand libraire, à Saint-Jean l'Évangéliste. Petit in-8° sans date. Supplément à l'ouvrage suivant : *Roti-cochon ou méthode très-facile pour bien apprendre les enfans à lire en latin et en françois...*

[1] *Par Fleury Bourriquant, au mont Saint-Hilaire, près le puits Certain.* In-12.

faire la bénédiction sur les biens apposez à la table,
quand il voit que son père et sa mère, ses parens et
précepteurs, ses maistres ou autres, selon qu'il se
trouvera, s'y voudront asseoir ou y seront assis.

La bénédiction se pourra dire en latin, ou en
grec, ou bien en françois. Car on peut faire en
toutes langues, ainsi que les lettrés le peuvent faire
cognoistre et entendre.

Prière avant le repas. — Père céleste et plein de
puissance infinie, nous te rendons grâces de tous
les biens que nous recevons journellement de ta
main. Vueille-les nous, Seigneur, sanctifier pour la
nourriture de nos corps, et fay que nous en puis-
sions user en toute sobriété, selon ton sainct vouloir, et que non seulement nous soyons nourris de
ceste viande terrestre, mais aussi repeuz de celle
de tes saincts anges, qui est le pain céleste et la pa-
rolle éternelle de ton fils Jésus-Christ, nostre Sauveur et Rédempteur. Ainsi soit-il[1].

Et s'il ne reste personne de la compagnie à venir
au disner ou soupper, l'enfant pourra promptement
laver ses mains, et prendre place au plus bas bout
de la table, ayant premièrement esté semond de
ce faire : qui ne sera sans oster son bonnet et saluer
l'assistance.

Après, il mettra sa serviette sur le bras gauche,
et le pain et son cousteau au costé dextre, pour d'i-
celuy coupper sa viande, sans la rompre (comme
font les rustiques) avec les ongles, lesquels por-

[1] Aucune autre *Civilité*, de moi connue, ne remplace ainsi
le bénédicité par une prière en français.

tent avec le cousteau à la bouche ce qu'ils veulent manger[1].

Si le repas est plus long que ne requiert l'aage puérille, ayant sobrement satisfaict à la nature en mangeant, se lèvera de la table, et, faisant la révérence, ostera son assiette et serviette, se retirant un peu à part, sans s'absenter s'il n'est pressé d'aucune chose, et puis revenir incontinent, afin de rendre grâces à l'Éternel, quand il luy sera commandé : ce qu'il doit faire d'une bonne grâce et en les bien prononçant, tenant le corps et le visage droict, ayez les yeux moyennement dressés vers le ciel.

Prière après le repas. — Seigneur Dieu tout-puissant, nous avons sans cesse tant de biens de ta seule bonté, que nous ne sçaurions suffisamment te remercier de ce que nous recevons assiduellement de ta main. Et pour ce que nos imperfections nous rendent incapables de tant de biens, et pleins de péchez devant ta saincte présence, tu nous regarderas s'il te plaist, Seigneur, des yeux de ta miséricorde, en la faveur de ton fils Jésus-Christ; prenant pour récompence les tribulations de sa croix, qui nous ont rendus de mort éternelle à vie heureuse et salvation. Fay donc que nous recognoissions d'un cœur pur et entier les biens-faits qui nous sont donnez de ta main, au nom d'iceluy ton cher fils nostre Sauveur. Ainsi soit-il.

[1] Suivent quatre pages, qui sont une traduction presque littérale de la *Civilité* d'Érasme.

XII

EXTRAIT DE *La civilité nouvelle*[1].

[Année 1667.]

Civilité que l'enfant observera lorsqu'il servira à table. — Premièrement, après que l'enfant aura donné, suivant la coûtume, à laver les mains, servant à table, il prendra garde de ne point gratter sa teste, et de tenir ses mains nettes sans les cacher, surtout fera ses efforts pour s'abstenir de tousser et cracher.

Quelque part qu'il éternuëra ou crachera, se retournera à costé; et se donnera garde d'avaller ou retenir dans sa bouche ce qu'il doit cracher.

En servant ou levant de table, prendra garde de ne heurter bras ny épaules de ceux qui sont assis à table, spéciallement lorsqu'ils boiront, et prendra garde de ne les salir. Et bien que sa charge l'oblige à prendre garde s'il ne manque rien du service qui doit estre mis sur la table, ou sy quelqu'un luy fait signe, il observera exactement à ne point arrester sa veuë sur les personnes, d'autant qu'il semble qu'il leur compte les morceaux.

---

[1] *Contenant la vraye et parfaite instruction de la jeunesse, pour aprendre à prier Dieu, les bonnes mœurs, à bien lire et écrire l'ortographe, et généralement ce que la jeunesse doit sçavoir pour pratiquer la vertu et éviter les vices,* par L. D. L. M. Paris, in-8°.

Présentant à boire et donnant l'eau et le vin, principallement à des personnes de respect, fera toujours la révérence, et après rincera le verre.

S'il faut du pain à table, il ne le portera à la main, mais sur une assiette, et le posera adroittement en lieu propre et convenable.

En servant, il ne portera davantage de deux plats ou écuelles à la fois, une en chaque main. Et si elles sont trop cháudes, il y mettra dessous un plat ou assiette, et les portera droites et prendra garde de les verser, surtout prendra garde de ne point oster le plat devant quelqu'un de la compagnie durant qu'il mange, mais attendra qu'il l'éloigne de soy, ou qu'il luy fasse signe qu'il l'emporte.

Le sel doit estre le premier mis et le dernier osté, selon l'usage le plus commun.

Voulant oster les verres de table, n'en prendra plus de deux ou trois à la fois, et surtout s'abstiendra de ne mettre les doigts dedans, mais les prendra par le pied.

Levant les plats, n'en fera une montagne, les mettant les uns sur les autres, principallement s'ils ne sont tous vuides, et beaucoup moins les renversera l'un dans l'autre sur la table, d'autant que cela fait mal au cœur à qui les voit, et les emportera comme il les aura trouvez.

Les viandes et génerallement ce qui est sur la table estant deservies, il remettra les restes, pour la netteté, dans un plat ou corbeille : le sel mis à part, les coûteaux, cuillers, fourchettes ramassées sur l'assiette, et posées dans la corbeille, et ensuite levera la nappe.

Il est à remarquer qu'il y a des lieux où, suivant la coûtume, après le repas l'on porte les cure-dents dans un plat accompagné d'une serviette fine, laquelle se met sur la table. Et doit donner à laver premièrement au plus considérable de toute là compagnie. Et s'il se trouvoit qu'il y en eust quelqu'un de singulière prééminence, le servira avec une serviette particulière, et aux autres avec la leur; approchera d'eux le bassin adroittement, en telle façon qu'ils y puissent arriver deux ou trois ensemble.

Achevé qu'il aura de servir, après le repas c'est une parfaite et véritable civilité de faire révérence à la compagnie, et ensuitte dire les Grâces.

Civilité que l'enfant observera lorsqu'il sera à table. — Pour premier conseil, il se lavera premièrement les mains, puis dira ou répondra à la bénédiction de la table, se tenant debout la teste découverte, et après fera la révérence.

Estant assis à table, ne se grattera point, et surtout prendra garde tant qu'il pourra de cracher, moucher ou tousser. Mais si la nécessité l'y contraignoit, le fera avec dextérité, sans beaucoup de bruit, tournant le visage de costé.

Ne prendra son repas en gourmand, et ne rompra le pain avec les mains, mais avec le cousteau; si ce n'estoit un pain fort petit, et que tous le autres de la compagnie fissent de même.

Ne se jettera sur la table à bras étendus jusques aux coudes, et ne s'accôtera indécemment les épaules ou les bras à son siège, et ne mangera des deux jouës et à pleine bouche; ne témoignera nullement d'avoir pris grand plaisir au goust des viandes et autres choses qui seront sur la table. Mais si on luy en demande quel est son advis, soit son père, mère, ou maistre, il répondra avec modestie et prudence qu'elles sont parfaitement bonnes et bien assaisonnées.

Prenant du sel, prendra garde que le cousteau ne soit gras; et quand il faut le nettoyer, ou la fourchette, il le peut faire honnestement avec un peu de pain, avec adresse, avec la serviette sans estre aperçu, mais point sur le pain, cela estant mal-honneste.....

Les services de table en un mesme repas et festin, se diversifient en ordre et en nombre, selon l'ordre et diversité des mets. Les anciens ne comptoient en leurs tables ordinairement que deux services, quoy qu'ils eussent bien autant de variétez que nous : le premier commençoit par les entrées, et entre icelles par les œufs, devancez mesme parfois par les douceurs d'une boisson emmiellée, et de là passoit par le bouilly et rosty. Le second comprenoit toutes sortes de fruicts et de desserts.

Aujourd'huy nous suivons mesme stille, à la différance que l'on compte autant de services que l'on change de fois la table tout de nouveau.

L'on doit estre soigneux de changer d'assiettes aussi-tost et aussi souvent que l'on change de service.

Que si l'on traittoit quelque grand, il est bon qu'il y aye quelqu'un proche de luy, avec une ou deux assiettes en main, pour changer la sienne quand il voudra, pour luy présenter s'il vouloit

envoyer quelque part à un autre ce qu'il a devant
luy. Que si le festin duroit long-temps, on luy
pourroit aussi changer de serviette, et en hyver la
faut montrer au feu avant luy présenter.

Celuy qui a charge de mettre les viandes sur
table, doit prendre garde de ne servir ou desservir
par dessus l'épaule de ceux qui tiennent les premières places au festin ; aussi de ne mettre deux
plats de suitte d'une mesme façon. Les premiers
mets dont les hommes furent servis, ce furent les
fruicts et les herbes ; à présent l'on a reculé les
fruicts jusqu'au dessert, quoiqu'en certains lieux la
coustume est de les servir les premiers sur la table.
Mais les herbes sont maintenant en possession du
premier lieu, par le moyen des potages et salades.
On dit qu'une bonne salade doit passer par les
mains de quatre personnes bien diverses pour estre
comme il faut : sçavoir, d'un fol pour le choix et
sans épargne d'une variété de bonnes herbes, d'un
sage pour le sel, d'un avaricieux pour le vinaigre,
et d'un prodigue pour y verser et n'y épargner
l'huyle.

Il y a certaines viandes, qui pour estre de bon et
haut goust, passent aisément tous les mets, et peuvent demeurer à peu près tousjours sur table,
comme sont les langues de bœuf sallées, les jambons,
saulmons, certains pastez de venaison : entre les
fruicts, les meures, les cerises, les figues, quelques
espèces de prunes, et les melons, les pastez et les
tourtes qui entrent au service dès le commencement.

Quand pour regaller plus splendidement la compagnie, et pour marquer la magnificence du festin,

il seroit ordonné que l'on serviroit en mesme temps
chair et poisson, il faut cuire le poisson au lard, et
le temps de le servir est au déclin de la chair, entre
le rosty et le dessert. Quelques fois on le sert enveloppé d'une serviette dans un plus grand plat cuit au
beurre, ce qui revient mieux aux carpes au miroer,
aux barbeaux et aux hures de brochets.

L'on assied le rosty sur table à mesure qu'on lève
les entrées et le bouilly, ne laissant jamais les tables dégarnies : c'est avec le rosty qu'on met sur
table les oranges, olives, câpres et raves.

Les tables estant chargées, il nous reste à décrire
la manière de faire honneur aux viandes, tant en
les maniant et tranchant de bonne grâce qu'en les
distribuant honorablement à la compagnie. Celui
qui a la charge de faire les honneurs à table se
souvienne de ne garder le meilleur morceau pour
soy, mais le départir aux conviez.

Par mesme raison, il ne doit plustost rien prendre
pour soy que de ne rien laisser au plat.

A commencer des œufs, assez coutumièrement
les œufs ne se servent guères, sinon lorsqu'ils sont
à l'omelette ou semblable façon, qu'ils se puissent
couper et présenter sur l'assiette, ou bien présenter le plat ou sont les œufs mollets aux plus éloignez.

Au reste, on connoist un lourdaud à manger un
œuf à la cocque. Voulant donc le manger, et non
humer, il faut avoir fait ses apprests devant que le
casser, attendu que la main gauche estant occupée
à le tenir, la droite seule ne pourroit suffire à
couper le pain.

Il se rompt avec le couteau pour l'ordinaire par

le bout le plus menu; après cela on oste le germe, et une partie du blanc d'alentour, détrempant le reste avec le jaune, un peu de sel pris avec la pointe du couteau, puis on le prend tout ainsi avec les apprests. Et si par hazard vous ne trouviez cet œuf à vostre goust, donnez vous garde de le manger, moins encore de le fleurer; et sans en dire mot de peur de dégouter ceux de la compagnie, vous le mettrez sur une assiette. Boire en mangeant un œuf est mal-séant et ressent sa gourmandise.....

Les fruicts extraordinaires qui accompagnent le rosty se tranchent et servent diversement : les melons se partissent en long, les oranges de travers, les olives se servent au plat, les capres au plat ou avec la cuiller.

C'est assez parler de la chair, revenons maintenant au poisson, qui a aussi sa part ès honneurs de table. C'est que, suivant le conseil du meilleur tranchant, pour le poisson, la teste et ce qui en approche est le plus friant et délicat : par exemple, au haut bout de la table, on met la teste d'une carpe, et la hure du brochet; au premier, la langue est le meilleur morceau; et en l'autre, on met ordinairement le foye qui est le plus friant de ce poisson. Au saumon, ce qui répond à la poitrine, c'est l'endroit le plus honneste et le plus agréable au goust. Ès harans, truites et autres poissons, la queuë tient le premier lieu.

Aux poissons qui n'ont que l'épine sans autre arrête, comme est la sole, tout en est bon, à la réserve des extrémitez, quoy que ce qui approche de la teste est le meilleur.

Le poisson pour l'ordinaire ne se doit couper, sinon lorsqu'il est en paste, mais il se sert avec la fourchette. A la réserve toutefois de la langue de carpe, le foye du brochet et autres telles pièces ressemblantes à la chair, se couppent au coûteau, et se distribuent avec fourchette.

Nous avons assez parlé de chair et de poisson, nous sommes à présent au dessert. Et dé-jà les fruits réservez pour la bonne bouche vont entrer sur table, et par bien-séance nous en devons dire deux mots.

Les fruits sur lesquels on a coûtume de jetter de l'eau en table, comme prunes, cerises, etc., non plus que quelques autres de semblables natures, ne se pellent point.

Les poires, les pommes, les pêches, pavies, le fromage, se pellent et servent avec leur écorce entortillée. Si le fruit est gros, on doit le coupper en quatre, pour en ôter les grains et les pièces du milieu.

Les fraises se mangent avec la cuillier. Faute de crême, on peut les assaisonner de vin.

Les cerneaux se prennent dans le plat, accommodez pour leur plus commun et simple usage, avec un peu de vin et assez de sel.

Pour l'artichaut (pour le compter icy entre les fruits), est ce qu'on appelle vulgairement le talon.

XIII

EXTRAIT DU *Nouveau traité de la civilité qui se pratique en France parmi les honnestes gens.*

Par ANTOINE DE COURTIN.

[Année 1695.]

S'il arrive qu'une personne de qualité vous retienne à manger, c'est une incivilité de laver avec elle [1], sans un commandement exprès. Auquel cas il faut observer que s'il n'y a point d'officier pour prendre la serviette dont on s'est essuyé, il faut la retenir, et ne pas souffrir qu'elle demeure entre les mains d'une personne plus qualifiée.

Il faut aussi se tenir découvert et debout quand on dit *Bénédicité* et *Grâces*.

Il faut ensuite attendre que l'on vous place, ou se placer au bas bout, selon le précepte de l'Évangile; et en se plaçant avoir la teste nuë, et ne se couvrir qu'après que l'on est tout à fait assis, et que les personnes plus qualifiées sont couvertes [2].

Il ne faut point quitter son manteau ou son épée pour se mettre à table, parce qu'il est de la bienséance de les garder [3].

---

[1] Voy. ci-dessus, p. 15 et suiv.

[2] On ne devait jamais rester tête nue à table. Voyez, dans cette collection : *Les soins de toilette, le savoir-vivre.*

[3] Il y avait deux sortes de manteaux. Le petit manteau

Estant assis, il faut se tenir le corps droit sur son siège, et ne mettre jamais les coudes sur la table.

De même, il ne faut point témoigner par aucun geste que l'on ait faim, ni regarder les viandes avec grande avidité comme si on devoit tout dévorer.

Il ne faut point mettre la main au plat le premier, si on ne l'ordonne pour servir les autres. Après quoy, on peut se servir soy-même.

Si on sert, il faut toujours donner le meilleur morceau, et garder le moindre, et ne rien toucher que de la fourchette. C'est pourquoy si la personne qualifiée vous demande de quelque chose qui soit devant vous, il est important de sçavoir couper les viandes proprement et avec méthode, et d'en connoître aussi les meilleurs morceaux, afin de les pouvoir servir avec bien-séance.

Par exemple, si c'est un potage de santé, et qu'elle vous demande du chapon bouilly qui est ordinairement dessus, la poitrine passe pour le meilleur endroit, les cuisses et les aisles vont après. L'opinion commune est que la cuisse vaut mieux que l'aisle de toute la volaille bouillie, c'est pourquoy je la nomme la première.

Les pigeons rôtis ou en ragoust, se servent tous entiers, ou se coupent en travers par la moitié.

Pour ce qui est des viandes que nous appellons volatilles, et qui se servent rôties, la maxime la plus

court qui faisait partie du costume, et le grand *manteau de pluie*. Il est clair que le premier seul se conservait à table ; le second restait dans l'antichambre.

constante des gens qui se connoissent en bons morceaux et qui rafinent sur la délicatesse des mets, est
que de tous les oiseaux qui gratent la terre avec les
pieds, les 'aisles sont toujours les plus délicates;
comme au contraire les cuisses sont les meilleurs
de tous ceux qui volent en l'air : et comme la perdrix est au nombre de ceux qui gratent, l'aisle en
est par conséquent le meilleur morceau.

Quant à la manière de couper adroitement les
viandes rôties, il est presque général, au moins à
l'égard de la volaille, de lever d'abord les quatre
membres, en commençant toujours par la cuisse.

Que s'il arrive que la volaille soit grosse, comme
peuvent estre les chapons du Mans, les coqs d'Inde,
les oyes et les canards, ce qui en peut estre servi de
meilleure grâce, c'est le blanc de la poitrine, que
l'on coupe en long par tranches ou filets.

Les oranges, qui se servent avec le rôty, se doivent
couper en travers, et non pas en long comme les
pommes.

A l'égard de la grosse viande, il y a peu de gens
qui n'en connoissent les bons endroits : c'est pourquoy il seroit comme inutile d'en parler dans ce
livre, où on s'est proposé, autant que l'on a pû, de
ne traiter que des choses que l'on a crû estre les
plus ignorées. Nous dirons seulement par occasion.

Que la pièce de bœuf tremblante, l'endroit le
plus entre-lardé de gras et de maigre, est toujours
le meilleur; et comme le petit costé de l'aloyau est
toujours le plus tendre, il passe aussi pour le plus
recherché.

Pour la longe de veau, elle se coupe ordinairement par le milieu à l'endroit le plus charnu, et le rognon s'en présente par honneur.

Dans un cochon de lait, ce que les plus frians y trouvent de meilleur est la peau et les oreilles ; et dans le lièvre, le levraut et le lapin, les morceaux les plus estimez, et que l'on appelle par rareté morceaux du chasseur, se prennent aux costez de la queuë : le rable, les cuisses, et les épaules vont après.

Pour ce qui est du poisson, les plus habiles traiteurs maintiennent que la teste et ce qui en approche le plus est en la plus grande partie toujours le meilleur : ce qui fait qu'au haut bout d'une table bien ordonnée, on sert ordinairement la hure du poisson qui se coupe en deux, ainsi que peut estre le marsouin, le saumon frais, le brochet ou la carpe, et de ce dernier la langue en est le plus délicat morceau.

Quant aux poissons qui n'ont point d'autres arestes qu'une épine qui va tout du long, comme par exemple la vive et la sole, on en sert toujours le milieu, parce qu'il est sans contredit le meilleur.

Il faut observer qu'il est mal-séant de toucher le poisson avec le couteau, à moins qu'il ne soit en pasté. On le prend ordinairement avec la fourchette, et on le présente sur une assiette.

Il est de la bien-séance et de l'honnesteté de peler quasi toutes sortes de fruits crus avant que de les présenter, et de les offrir recouverts bien proprement de leur plûre ; quoy qu'à présent en beaucoup d'endroits on les présente sans peler.

Les cerneaux se prennent dans le plat avec la main sans autre cérémonie, ainsi que les autres fruits crus et confitures seiches.

Il faut aussi se souvenir de ne pas prendre les olives avec la fourchette, mais avec sa cuillère ; car il s'en fait quelque fois un sujet de risée quand cela arrive.

Toutes sortes de tartes de confiture et gasteaux, après avoir esté coupez sur le plat ou sur le bassin où on les a servis, se prennent avec le plat du couteau, et se présentent sur une assiette.

Il est bon pourtant d'observer que c'est une incivilité de s'ingérer de couper et de servir à la table d'une personne supérieure, quelque habile que l'on fust, si elle ne le commande. Et comme il est aisé d'apprendre à couper et à servir quand on a mangé trois ou quatre fois à quelque bonne table, il n'est pas honteux non plus de s'en excuser, et de s'en remettre à un autre si on ne le sçait pas.

On remarquera donc que c'est ou au maistre ou à la maistresse de la maison de couper et de servir, ou à ceux de la table qu'ils prient ou commandent de le faire. Et alors il y en a qui observent, après avoir coupé ce qu'on leur a donné, de le faire passer devant le maistre ou la maistresse, afin qu'ils le distribuent à leur volonté.

Qui que ce soit qui distribuë les viandes coupées, vous ne devez pas tendre précipitamment votre assiette pour estre servi des premiers, mais il faut attendre que celuy qui sert vous en présente à votre tour ; et même s'excuser de prendre, s'il passoit quelqu'un plus qualifié ; ou enfin le prendre s'il le faut, mais le présenter incontinent soy-même aux personnes que l'on veut honorer : à moins que ce ne fust le maistre ou la maistresse de la maison, j'entends la personne qualifiée, qui vous présentast elle-même la viande, au quel cas il faut retenir ce qu'elle vous donne.

C'est aussi au maistre ou à la maistresse de la maison, et non à d'autres, d'inviter à manger, mais civilement et de loin à loin, sans avoir toujours l'œil sur une personne, de peur que celuy qu'ils pressent de manger ne crût au contraire qu'on l'observast, et que l'on se scandalisast peut-estre de ce qu'il mangeroit trop : la table estant un lieu où il faut donner une entière liberté. C'est pourquoy, généralement parlant, il ne faut jamais estre attentif à voir manger et boire les autres. Il vaut mieux les animer par le bon visage et une certaine gayeté, qui les persuade que c'est de bon cœur qu'on les traite, et qu'ils ne sçauroient faire de plus grand plaisir que de se bien traiter eux-mêmes.

Il ne faut pas non plus presser personne de boire; car souvent il s'en rencontre à qui l'excès du vin fait mal, d'autres qui ne le peuvent pas porter, et qui estant en quelque façon plus obligez que les autres à la sobriété par leur caractère, comme les ecclésiastiques, les magistrats, etc., font un étrange spectacle dans l'intempérance.

Il faut observer que quand on vous demande quelque chose que vous devez prendre avec une cuillère, il ne faut pas le faire avec la vôtre, si elle vous a servi. Que si elle ne vous a pas servi, il la faut laisser sur l'assiette que vous présentez, et en demander une autre, si ce n'est que celuy qui vous a prié de le servir n'eust mis la sienne sur son assiette en vous l'envoyant ou vous la présentant. Observant que tout ce que vous servirez, vous le devez toujours présenter sur une assiette blanche, et jamais avec le couteau, la fourchette ou la cuillère tout seuls.

Si la personne à qui vous présentez cette assiette est proche, et que vous la luy présentiez à elle-même, et qu'elle soit d'une qualité fort relevée, vous pouvez vous découvrir pour la première fois en la luy présentant, et ne le faire plus de peur de l'embarrasser.

Si on vous sert, il faut accepter tout ce que l'on vous donne, et vous découvrir en le prenant quand il vous est offert par une personne supérieure.

Si vous serviez quelque chose où il y eust de la cendre, comme quelque fois sur des trufes, il ne faut jamais souffler dessus, mais il faut les nettoyer avec le couteau : le souffle de la bouche dégoutant quelque fois les personnes, outre que cela jette la cendre sur la table.

Il est incivil de demander soy-même de quelque chose qui est sur la table, particulièrement si c'est quelque friandise. Et pareillement il est d'une personne sujette à sa bouche, quand on demande le choix de quelque chose, de demander le meilleur morceau; on répond d'ordinaire : *ce qu'il vous plaira.*

C'est une foiblesse très-mal-séante de dire haute-ment : *Je ne mange pas de cecy, je ne mange pas de cela, je ne mange jamais de rôty, je ne mange*

*jamais de lapin, je ne sçaurais rien manger où il
y a du poivre, de la muscade, de l'oignon*, etc.
Comme ce ne sont qu'aversions imaginaires, que
l'on pouvoit corriger facilement si on eust eu dans
sa jeunesse quelque bon amy, et que l'on peut encore vaincre tous les jours si on veut souffrir un
peu la faim, ou n'aimer pas tant sa personne et ses
appetits : aussi ne faut-il jamais que telles répu-
gnances soient connuës. Il faut prendre civilement
tout ce que l'on vous présente ; et si le dégoust en
est naturellement invincible, comme il s'en rencontre en effet, il faut sans faire semblant de rien
laisser le morceau sur l'assiette, et manger d'autre
chose, et quand on n'y prend pas garde, se faire
desservir ce que l'on a aversion de manger.

Si chacun prend au plat, il faut bien se garder
d'y mettre la main que les plus qualifiez ne l'y
ayent mise les premiers ; ny prendre ailleurs qu'à
l'endroit du plat qui est vis-à-vis de nous. Moins
encore doit-on prendre, comme nous avons dit,
les meilleurs morceaux, quand même on seroit le
dernier à prendre.

Il faut prendre en une fois ce que l'on a à prendre. C'est une incivilité de mettre deux fois la
main au plat, et plus encore de l'y mettre pour
prendre morceau à morceau, ou bien tirer la viande
par lambeaux avec sa fourchette.

Il faut bien se garder d'étendre le bras, par dessus le plat que vous avez devant vous, pour atteindre
dre à quelque autre.

Il est nécessaire aussi d'observer qu'il faut toujours essuyer votre cuillère, quand après vous en

estre servi vous voulez prendre quelque chose dans un autre plat, y ayant des gens si délicats, qu'ils ne voudroient pas manger de potage où vous l'auriez mise après l'avoir portée à la bouche.

Et même, si on est à la table de gens bien propres, il ne suffit pas d'essuyer sa cuillère, il ne faut plus s'en servir, mais en demander une autre. Aussi sert-on à présent en bien des lieux des cuillères dans des plats, qui ne servent que pour prendre du potage et de la sauce.

Quand on mange, il ne faut pas manger viste ni goulument, quelque faim que l'on ait, de peur de s'engouer. Il faut en mangeant joindre les lèvres pour ne pas laper comme les bestes.

Moins encore faut-il en se servant faire du bruit, et racler les plats, ou ratisser son assiette en la desseichant jusqu'à la dernière goutte. Ce sont cliquetis d'armes, qui découvrent comme par un signal notre gourmandise à ceux qui sans cela n'y prendroient peut-estre pas garde.

Il ne faut pas manger le potage au plat, mais en mettre proprement sur son assiette; et si il estoit trop chaud, il est indécent de souffler à chaque cuillerée, il faut attendre qu'il soit refroidi.

Que si par malheur on s'estoit brûlé, il faut le souffrir si on peu patiemment et sans le faire paroître. Mais si la brûlure estoit insupportable, comme il arrive quelquefois, il faut promptement et avant que les autres s'en apperçoivent, prendre son assiette d'une main, et la porter contre sa bouche, et se couvrant de l'autre main, remettre sur l'assiette ce que l'on a dans la bouche, et le donner

vistement par derrière à un laquais. La civilité
veut que l'on ait de la politesse, mais elle ne prétend pas que l'on soit homicide de soy-même.

Il ne faut pas mordre dans son pain, mais en
couper ce que nous avons à porter à la bouche, sans
retenir le couteau à la main ; non plus que quand
on mange une pomme ou une poire, etc.

Il faut tailler ses morceaux petits, pour ne se
point faire de poches aux joües comme les singes.

Il ne faut pas non plus ronger les os, ni les casser ou secouer pour en avoir la mouelle. Il faut en
couper la viande sur son assiette, et puis la porter à
la bouche avec la fourchette.

Je dis avec la fourchette, car il est, pour le dire
encore une fois, très-indécent de toucher à quelque
chose de gras, à quelque sauce, à quelque syrop, etc., avec les doigts ; outre que cela vous oblige
à deux ou trois autres indécences. L'une est d'essuyer fréquemment vos mains à votre serviette, et
de la sallir comme un torchon de cuisine, en sorte
qu'elle fait mal au cœur à ceux qui la voyent porter
à la bouche pour vous essuyer. L'autre est de les
essuyer à votre pain, ce qui est encore très-mal
propre ; et la troisième de vous lécher les doigts, ce
qui est le comble de l'impropreté.

Il faut bien se garder de saucer ses morceaux
dans le plat ou dans la salière à mesure qu'on les
mange ; mais il faut prendre du sel avec la pointe
du couteau, et de la sauce avec une cuillère.

Et à propos de sel, il est bon de dire qu'il y a
certaines gens qui font scrupule d'en servir à quelqu'un, aussi bien que de la cervelle : mais ce sont

superstitions ridicules. Il faut, ou mettre du sel sur
une assiette pour en présenter à ceux qui sont éloignez, ou leur offrir la salière, si cela se peut, afin
qu'ils en prennent eux-mêmes; et pour la cervelle,
comme elle passe au goust de quelques-uns pour un
morceau friand, il est plus civil d'en offrir aux
autres qu'il ne seroit de la manger toute soy-même
par un motif de superstition.

Il faut donc tenir pour règle générale, que tout
ce qui aura esté une fois sur l'assiette ne doit plus
être remis au plat.

Il ne faut pas non plus se pancher trop sur son
assiette, ni y laisser tomber, ou sur son rabat [1] ou sur
sa cravate, la moitié de ce que l'on porte à sa
bouche.

Il n'y a rien de plus mal appris, comme nous
avons dit, que de lécher ses doigts, son couteau, sa
cuillère ou sa fourchette; ni rien de plus vilain
que de nettoyer et essuyer avec les doigts son assiette et le fond de quelque plat; ou, ce qui est encore pis, de boire à même le reste du bouillon, de
la sauce et du syrop, ou de le verser dans la cuillère:
c'est s'exposer à la risée de toute la compagnie.

Il faut, quand on a les doigts gras, ou son couteau,
ou sa fourchette, etc., les essuyer à sa serviette et
jamais à la nappe, ni à son pain. Et pour s'empêcher d'avoir les doigts gras, il ne faut point manger avec, mais avec sa fourchette, comme nous
avons déjà remarqué.

Que si on avait quelque couteau, cuillère ou

[1] Col rabattu, très large, qui retombait sur les épaules et

fourchette à rendre à quelqu'un qui vous les eust prestez, il faut les essuyer de votre serviette, ou les envoyer laver au buffet, puis les mettre sur une assiette blanche, et les luy présenter.

Que s'il arrive par quelque accident extraordinaire qu'on ait quelque chose dans la bouche que l'on soit obligé de rejetter, il seroit fort incivil de le laisser tomber de haut en bas sur son assiette, comme si on vomissoit. Il faut le prendre, et l'enfermer dans la main, le remettre doucement sur son assiette, et la donner aussi-tost pour la faire emporter, s'il se peut, sans que ceux qui sont à table s'en apperçoivent, observant de ne jamais rien jetter à terre.

Se moucher avec son mouchoir à découvert, et sans se couvrir de sa serviette, en essuyer la sueur du visage, se grater la teste ou autre part, rotter et cracher avec cela, et se tirer de l'estomac avec force et fréquemment, sont des saletez à faire soulever le cœur à tout le monde. Il faut donc s'en abstenir, ou le faire le plus secrettement qu'il est possible, en se couvrant et se cachant tant que l'on peut.

De même qu'il ne faut pas faire, comme on dit, la petite bouche, mais manger honnestement et selon son besoin : ainsi ne faut-il pas paroître insatiable, ni manger jusqu'à se faire venir le hoquet. Mais au contraire il faut se retenir et cesser le premier de manger, à moins que la personne qualifiée,

la poitrine. Il était attaché sur le devant par des cordons garnis de gros glands. Hommes et femmes en portaient.

dont l'honnesteté est de ne point faire desservir que chacun n'aît achevé de manger, ne nous conviast de continuer.

Quoy qu'il en soit, il ne faut jamais se haster de manger jusqu'à en perdre haleine, comme un cheval poussif qui souffle d'ahan.

Il faut aussi remarquer qu'il est très mal séant pendant le repas, ou de critiquer sur les viandes et sur les sauces, ou de parler sans cesse de mangeaille : c'est la marque évidente d'une âme sensuelle et d'une éducation basse.

Comme il ne faut point manger à la dérobée, aussi ne faut-il point boire en cachette.

C'est une grande incivilité de demander à boire le premier, et avant que les personnes les plus qualifiées ayent beu.

C'est manquer au respect de demander à boire tout haut. Il faut en demander tout bas, si l'officier ou quelque laquais est proche, sinon il faut faire signe.

C'est estre fort grossier que de boire à la santé d'une personne de condition en s'adressant à elle-même.

Que si quelqu'autre commence sa santé par galanterie, il est du devoir de la boire ; mais il faut que cela se fasse sans appeler la personne qualifiée à témoin. Ce qui peut se faire de la sorte : *C'est Monsieur*, parlant à celuy à qui on la porte, *à la santé de Monseigneur*, et non pas ainsi : *Monseigneur, c'est à votre santé, et je la porte à Monsieur.*

Mais c'est le comble de l'incivilité d'ajouter, comme nous avons déjà dit, le nom de la personne

qualifiée, parlant à elle-même, ou de dire en beuvant à la santé de sa femme ou de quelqu'un de
ses parents et parentes : *Monseigneur, à la santé de
Madame votre femme, de Monsieur votre frère, de
Madame votre sœur*, etc. Il faut nommer la femme
par la qualité ou par le surnom du mary, et les
autres, ou par leurs surnoms, ou par quelque qualité, s'ils en ont, en disant par exemple : *A la santé
de Madame la Maréchale, de Monsieur le Marquis*, etc.

S'il arrive que nous devions répondre à une personne qualifiée, et que dans ce moment elle porte
le verre à sa bouche pour boire, il faut se taire, et
attendre qu'elle ait beu pour continuer notre
discours.

Il faut toujours, avant de boire, s'essuyer la
bouche.

Il ne faut pas trop laisser remplir son verre, de
peur d'en répandre en le portant à la bouche.

Cela tient trop du familier de goûter le vin, et de
boire son verre à deux ou trois reprises : il faut le
boire d'une haleine et posément, regardant dedans
quand on boit, et observant de ne pas boire quand
on a la bouche pleine. Je dis posément, de peur de
s'ennouer [1], ce qui seroit un accident fort mal-séant
et fort importun en une table de cérémonie ;
outre que de boire tout d'un coup, comme si on en-
tonnoit, c'est une action de goinfre, laquelle n'est
pas de l'honnesteté.

Il faut aussi prendre garde en beuvant de ne pas

---

[1] S'embarrasser la gorge, s'étrangler.

faire de bruit avec le gosier pour marquer toutes les gorgées que l'on avalle, en sorte qu'un autre les pourroit compter.

Il faut se garder aussi, après qu'on a beu, de pousser un grand soupir éclatant pour reprendre son haleine.

Il est plus civil de boire tout ce qu'il y a dans son verre que d'en laisser.

Il est incivil de se faire donner à boire par devant la personne honorée : il faut prendre le verre d'un autre costé.

Il est de même incivil de présenter un verre de vin à une personne si on en a déjà goûté.

Que si la personne de qualité vous porte la santé de quelqu'un, ou même boit à la vostre, il faut se tenir découvert, s'inclinant un peu sur la table jusqu'à ce qu'elle ait beu. Il ne faut point luy faire raison, si elle ne l'ordonne précisément. Ce qui se doit entendre des personnes de la haute qualité. Car pour celles qui ne sont pas si éminentes, et entre lesquelles et l'inférieur il y a peu ou point de différence, il ne faut pas violer la maxime de la table, qui est de ne se point découvrir, l'usage l'ayant tellement établi, que l'on passeroit pour un nouveau venu dans le monde d'en user autrement. Quand elle vous parle, il faut aussi se découvrir pour luy répondre, et prendre garde de n'avoir pas la bouche pleine. Il faut observer la même civilité toutes les fois qu'elle vous parlera, jusqu'à ce qu'elle vous l'ait défendu ; après quoy il faut demeurer couvert, de peur de la fatiguer par trop de cérémonie.

Il est incivil de se curer les dents devant le monde, et de se les curer durant et après le repas avec un couteau, ou avec une fourchette : c'est une chose tout à fait mal honneste et dégoutante.

Il est aussi de l'incivilité de se rincer la bouche après le repas devant des personnes que nous devons respecter.

Que si la personne qualifiée mangeoit ou se tenoit encore à table à la fin du repas, et que l'on fust seul avec qui elle fist conversation, particulièrement si on n'est ni dépendant d'elle, ni son domestique, on est obligé de demeurer à table pour luy tenir compagnie jusqu'à ce qu'elle se lève.

Si on est obligé de se lever avant les autres, il faut avoir la teste nuë, et en cas que l'on soit dépendant ou domestique, il ne faut pas se lever que l'on n'ait un laquais tout prest, pour oster en même temps l'assiette, dont l'objet n'est pas honneste, non plus que la familiarité de celuy qui se seroit levé de table sans la desservir luy même, s'il n'a personne pour le faire.

Quand on oste les assiettes, il ne faut pas souffrir que l'on commence par vous à servir les assiettes blanches; mais il faut attendre à prendre celle qu'on vous présente qu'on en ait donné aux plus qualifiez de la compagnie, et particulièrement aux dames, à qui même il faut présenter et donner vous-même celle qui vous est offerte, si on estoit trop longtemps à les servir.

Il faut observer aussi que c'est une chose très mal honneste, quand on est à la table d'une personne que l'on veut honorer, de serrer du fruit ou autre chose dans sa poche ou dans une serviette pour l'emporter.

Et c'est une grande incivilité de présenter du fruit, ou quelque autre chose dont on auroit déjà mangé.

Que s'il arrive que quelque prince ou princesse vous demande ou vous engage à leur faire quelque régale, il ne faut pas vous mettre à table, mais derrière le fauteuil pour leur présenter des assiettes et à boire. Si c'est un prince, et qu'il vous commande de vous mettre à table, vous pouvez vous y mettre au bas bout; mais si c'est une princesse, on témoigne mieux sçavoir son monde de s'en dispenser.

Il faut aussi dans ces rencontres, tâcher de paroître le moins qu'il est possible inquiet et empressé. Moins encore faut-il estre impatient et emporté contre son domestique, de crainte que l'on a que les choses aillent mal : c'est un esprit petit, et qui montre par ces violences estre plutost fâché et embarrassé de ses hostes que transporté de zèle pour les bien recevoir.

Il faut avoir donné auparavant le meilleur ordre que l'on aura pù, avoir marqué exactement à un chacun son office, et puis demeurer en repos, et laisser aller toutes choses leur train, plutost que de troubler la joye que toute la maison doit témoigner de posséder des hostes si considérables.

Que si les choses vont apparemment mal, il en faut succintement demander pardon aux personnes qualifiées, qui de leur costé ne seroient pas raisonnables si elles n'excusoient les fautes qui se font, estant d'ailleurs persuadées de la bonne volonté.

Mais pour revenir, il faut remarquer que de s'emporter contre son domestique, de l'injurier, et de le battre en présence d'une personne à qui on est inférieur, ce seroit tout à fait manquer de respect, et témoigner pour elle un extrême mépris en cette rencontre, et en toute autre.

Pour conclusion du repas, il faut se tenir découvert en se levant de table, et dire *Grâces* quand la personne qualifiée les dit, et puis luy faire une profonde révérence pour la remercier. Et quand même plusieurs autres personnes se seroient trouvées à ce repas, qui seroient au-dessus de nous, il ne faudroit pas faire cette révérence générale, mais il faut l'adresser uniquement à la personne la plus qualifiée.

XIV

EXTRAIT DE *La civilité puérile et honneste,*
dressée par un missionnaire.
[Année 1749.]

De la manière en laquelle on doit se comporter à la table. — Avant que de vous mettre à table, il ne faut pas oublier de laver vos mains, selon le rang que vous avez dans la famille ou entre les conviés; et en recevant l'eau, il faut vous baisser un peu pour ne point salir vos habits.

Si l'essui-main ou la serviette est attachée, faites en sorte que vous n'incommodiez personne en essuyant vos mains; et si elle n'est point attachée, tenez-la par le bout jusqu'à ce que ceux qui sont au dessus de vous s'en soient servi.

Estant ensuite autour de la table avec la compagnie, les mains jointes, attendez qu'on ait donné la bénédiction.

Ce devoir appartient aux ecclésiastiques, s'il y en a, ou à leur défaut au plus jeune de la compagnie, qui dira ainsi : *Benedicite;* les autres répondent : *Dominus*. Il continuera distinctement et intelligiblement : *Nos et ea quæ sumus sumpturi benedicat dextera Christi;* et en disant : *In nomine Patris, et Filii, et Spiritus sancti*, il fera le signe de la croix sur la table et les autres répondront : *Amen*.

Ne vous asseyez pas que chacun n'ait pris place, ou au moins gardez votre rang. Et estant assis, ne mettez pas sitost la main à la serviette pour la déployer devant[1] les autres : attendez que celui qui précède[2] ait commencé.

Vous étendrez votre serviette honnestement devant vous, en sorte qu'elle couvre jusqu'à la poitrine. Et ayant essuyé votre cuillière avec le bout de votre serviette, vous attendrez que quelqu'un ait commencé à prendre du bouillon dans le plat ou dans son écuelle.

Si vous vous servez d'écuelle comme dans les familles, il la faut tellement poser que l'oreille ne soit pas devant nous.

[1] Avant.

[2] Qui est placé avant vous.

La manière de s'asseoir à table et d'y manger. — Faites en sorte de ne vous pas approcher si fort de la table, et n'appuyez jamais vos coudes dessus. Il ne faut pas aussi vous en éloigner, mais il faut estre tellement disposé que vous y ayez les poignets.

C'est contre la civilité de souffler la soupe pour la refroidir, particulièrement quand on est en compagnie : il est plus séant d'attendre, ou de la remuer doucement avec la cuillière. On peut mettre du pain tremper dans le bouillon sur l'assiette quand on en change, mais non pas autrement. Il n'est pas aussi honneste de humer sa soupe, quand on se serviroit d'écuelles, si ce n'étoit que ce fust dans la famille, après en avoir pris la plus grande partie avec la cuillière.

Si le potage est dans un plat, portez-y la cuillière à votre tour, sans vous précipiter. Prenez toujours devant vous ce qui s'y rencontre, sans chercher ailleurs : vous pouvez vous courber un peu pour ne point salir vos habits, mais non pas vous jetter si fort sur les viandes.

Après avoir mangé le potage, si vous vous estes servi d'écuelle vous la rendrez à celui qui dessert, ou vous la mettrez en quelque endroit; en sorte qu'elle n'incommode personne : mais vous ne la jetterez pas à vos pieds.

Ne nettoyez pas votre couteau avec votre serviette devant que de couper du pain, et n'en coupez pas de trop gros morceaux : ne l'écroutez pas, coupez-le également, mais non pas sur l'assiette.

Ne tenez pas un morceau de pain renfermé dans votre main comme si vous vouliez le cacher, mais portez-le à la bouche avec les deux doigts quand vous voulez manger.

Ne tenez pas toujours votre couteau à la main, comme font les gens de village : il suffit de le prendre lorsque vous voulez vous en servir.

Mais si on vous sert de la viande, il n'est pas séant de la prendre avec la main : mais il faut présenter votre assiette de la main gauche, et tenant votre fourchette ou votre couteau de la droite, recevoir ce que l'on vous donne avec action de grâce, en vous inclinant un peu.

Néanmoins, le pain, les fruits, les dragées, mesme les œufs frais ou l'écaille[1], peuvent se recevoir avec la main.

N'emplissez pas tant votre bouche, que cela ne vous empêche de parler, s'il étoit nécessaire, et n'y portez rien que les premiers morceaux ne soient avalés.

Ne soyez pas aspres à manger, comme sont les gourmands, et ne regardez pas ceux qui sont auprès de vous pour voir ce qu'ils mangent, ou si on leur présente de meilleurs morceaux qu'à vous.

Si vous avez mis dans votre bouche quelque morceau qui vous fasse mal, ne le remettez pas sur l'assiette ; mais jettez le dehors en vous tournant la teste de costé, et en vous couvrant un peu le visage de votre serviette.

Si vous trouviez quelques cheveux, charbon ou autre chose dégoutante dans les viandes, il ne faudroit pas les montrer aux autres, de peur de les

---

[1] Les huîtres.

dégoûter; mais il faudroit l'oster si adroitement
que personne ne s'en apperçoive.

Ne parlez point de la qualité des viandes, si elles
sont bonnes ou mauvaises. Si néanmoins le maistre
du festin vous demande votre sentiment, vous lui
répondrez le plus avantageusement qu'il vous sera
possible, sans faire aucune plainte.

Si vous prenez du sel, que ce ne soit point avec
les doigts, mais avec la pointe du couteau, après
l'avoir nettoyé s'il étoit gras : n'en prenez pas plus
que vous n'en voulez user.

Il est contre la bienséance de flairer les viandes,
et il faut se donner bien de garde de les remettre
dans le plat après les avoir flairées.

Si vous prenez dans un plat commun, ne choi-
sissez pas les meilleurs morceaux, ni ceux qui sont
plus à votre goût.

Prenez ce qui se rencontre devant vous. Il est
aussi de mauvaise grâce de retourner le plat; cela
n'appartient qu'au maistre, ou à celui qui sert les
autres : ce qu'il doit faire mesme avec discrétion.

Coupez avec le couteau après que vous aurez
arresté la viande qui est dans le plat avec la fourchette, de laquelle vous vous servirez pour porter
sur votre assiette ce que vous aurez coupé : ne
prenez donc pas la viande avec la main, ni un fort
gros morceau à la fois.

Il ne faut jetter par terre ni os, ni coque d'œufs,
ni pelures d'aucuns fruits, ni autre chose qui ne se
mange point, et qui se trouve néanmoins avec la
viande : il est plus séant de les reposer sur le bord
de l'assiette.

Il en est de mesme des noyaux, que l'on tire plus honnestement de la bouche avec les deux doigts que de les cracher dans la main.

C'est contre la civilité de boire devant que d'avoir mangé son potage, et mesme incontinent après. Attendez donc que vous ayez un peu mangé d'autres viandes ; et ne commencez pas le premier, si ce n'étoit que vous fussiez le maistre de la compagnie, ou que vous eussiez demandé permission en exposant vos besoins : le meilleur est de s'en abstenir, surtout quand on est des moins considérables entre les conviés.

Quand on vous présente à boire, il faut essuyer vos doigts à votre serviette, et prendre le verre ou la coupe par le pied, et non pas par le milieu. Il faut avoir soin qu'il y ait toujours beaucoup d'eau.

Prenez garde que celui qui vous sert n'en mette qu'autant que ce que vous pouvez boire en une fois, et que le verre ne soit pas si plein que vous en renversiez.

Essuyez votre bouche avec votre serviette devant que de boire. Tenez votre vue à ce que vous buvez, sans regarder de costé et d'autre. Après avoir bu, essuyez votre bouche.

Ne buvez pas ayant le morceau à la bouche, ni lorsque votre voisin boit, encore moins pendant que celui qui est le plus considérable de la compagnie a le verre en main : attendez qu'ils ayent bu.

Ne buvez pas ni trop lentement ni à la hâte, ni à diverses reprises sans quitter le verre. Il est plus à propos, quand vous ne pouvez tout boire en une fois, de rendre le verre, et de laisser le reste pour une autre fois. C'est aussi contre la civilité de faire de longs discours ayant le verre en main.

Il ne faut pas boire facilement à la santé avec ses semblables pour marque d'amitié ou de réconciliation. Si quelqu'un boit à votre santé, vous devez le remercier fort honnestement, et pouvez boire à la sienne en vous inclinant sans vous découvrir, après lui avoir demandé permission, en disant : *Monsieur, avec votre permission, c'est pour saluer vos grâces* : autrement il ne faut jamais boire à plus grand que soy.

La manière de servir à table entre les conviés. — C'est à faire à celui qui est le maistre du festin d'avoir soin de tout, de déployer le premier sa serviette, s'il est le plus grand en dignité, et demander le premier à boire, ou d'ordonner qu'on en présente aux autres quand il est tems.

Quand on traite quelqu'un, il est de la bienséance de lui présenter tout ce dont il peut avoir besoin, mesme des viandes qui sont proches de luy.

Si vous estes invité chez autrui, il est plus expédient d'attendre que le maistre vous serve, que de prendre des viandes vous mesmes, si ce n'est qu'il vous prie d'en user librement, et qu'il soit un de vos meilleurs amis.

Il est de mauvaise grâce de servir les autres hors de sa maison, dans les compagnies où l'on auroit peu de pouvoir, si ce n'est que le nombre des conviés soit grand, et que le maistre du festin ne puisse avoir l'œil sur tout; car pour-lors l'on peut servir ceux qui sont proche de soi.

Les jeunes et ceux qui sont de moindre considération ne doivent pas se mesler de servir; mais seulement prendre pour eux à leur tour ce qui est devant eux, ou recevoir ce qu'on leur présente avec action de grâce.

L'on sert la viande avec la fourchette, non point avec la main; on la présente à mesure qu'on la tranche par morceaux. Celui qui la distribue aux autres doit se servir le dernier, et il ne doit pas prendre le meilleur pour lui.

Les fruits à noyaux se présentent avec le plat. Les pommes et les poires se pèlent et se présentent avec le couteau, étant proprement revêtues de leurs pelures; et si elles sont grosses, on peut les couper par la moitié. Le fromage se présente par petits morceaux avec la pointe du couteau, après estre pelé; les dragées se distribuent avec la cuillière.

De la manière qu'un enfant doit servir à table. — Après que vous aurez étendu la nappe proprement sur la table, vous y mettez la salière et les assiettes, sur lesquelles vous mettrez le pain que vous couvrirez de la serviette honnestement, si ce n'est que l'on se servist d'écuelles pour le potage; car pourlors il faut mettre les écuelles sur les assiettes, et mettre la serviette à droite avec la fourchette, le couteau et la cuillière.

Ensuite vous laverez les verres, et les disposerez tellement sur le buffet ou sur une petite table couverte de linge blanc, afin que vous ne les changiez pas, quand il vous faudra les présenter[1].

Il faut essuyer les plats par dessous, particuliè-

1 Voyez ci-dessus, p. 106.

rement ceux du potage, de crainte qu'ils ne salissent la nappe, les disposer tellement que tous les conviés y puissent atteindre avec la cuillière.

Vous présenterez à laver les mains, et en élevant un peu l'éguière avec cérémonie, ayant la serviette ployée en long sur l'épaule gauche, et tenant le bassin par dessous, s'il n'est posé sur un escabeau ou autre chose semblable.

Vous ne présenterez point à boire que l'on n'ait mangé quelque tems des viandes, après que le potage sera levé. Vous commencerez par le plus honorable de la compagnie, en lui présentant le verre de la main gauche, tenant l'éguière de la droite, en gardant les règles de la civilité qu'on a accoutumé de pratiquer quand on présente ou qu'on reçoit quelque chose.

S'il est besoin de présenter du pain, vous le porterez sur une assiette, non pas à la main.

Et si on vous ordonne de changer les assiettes, vous les changerez après le premier service, en commençant par celui qui tient le haut bout dans la compagnie; et en continuant vous irez de suite, rendant une assiette blanche à mesure que vous osterez l'autre.

XV

 EXTRAIT DE *Les règles de la bienséance
et de la civilité chrétienne.*

Par J.-B. DE LA SALLE[1].

[Édition de 1782.]

*Des choses qu'on doit faire avant que de manger :
du laver des mains, de la bénédiction de la table et
de la manière de s'y asseoir.* — La bienséance
demande qu'un peu avant qué de manger et de
prendre ses repas, on lave ses mains, on bénisse les
viandes, et qu'on s'asseoye à table. Elle prescrit
aussi des manières de bien faire ses actions.

Quoique, comme dit Notre Seigneur dans l'Évangile, ce ne soit pas une chose qui souille l'homme
de manger sans laver ses mains, il est cependant de
l'honnêteté de ne jamais manger sans l'avoir fait :
c'est même une pratique qui a toujours été en
usage. Et si Notre-Seigneur la reprend dans les
Juifs, ce n'est que parce qu'ils s'y attachoient si

---

[1] Ce Jean-Baptiste de La Salle est le célèbre fondateur
de l'institut des frères des écoles chrétiennes. La première
édition de sa *Civilité* parut « vers l'an 1713, » dit l'*Aver-
tissement* qui précède la réimpression faite en 1782. Il
ajoute : « On n'a rien retranché dans cette nouvelle édition (si ce n'est certains usages qui ne s'observent plus. On
a cru devoir en ajouter d'autres qui se pratiquent à présent) crainte d'affoiblir le style de l'auteur, qui, bien que
simple, ne laisse pas de renfermer je ne sais quoi de si
agréable qu'il se fait aimer de tous ceux qui ont l'esprit du
christianisme civil et honnête. »

scrupuleusement, qu'ils croyoient commettre une faute considérable s'ils ne lavoient leurs mains avant que de manger; et qu'ils les lavoient même plusieurs fois, craignant d'être souillés s'ils touchoient quelques viandes avec des mains tant soit peu salies, lorsqu'ils n'appréhendoient pas de se souiller par un grand nombre de crimes qu'ils commettoient. Jésus-Christ n'a donc nullement blâmé cette pratique, il n'en a condamné que l'abus.

L'ordre qu'on doit garder en lavant ses mains, est de le faire selon le rang que l'on tient dans la famille, ou si on mange en compagnie, selon le rang qu'on tient parmi les conviés.

L'usage cependant le plus ordinaire est, lorsqu'on est avec des personnes à peu près égales, de se faire quelque déférence les uns aux autres avant que de laver les mains; mais de ne pas faire de grandes cérémonies pour cela, et de les laver presque tous ensemble.

S'il y a une ou plusieurs personnes qui soient, dans la compagnie, d'une qualité distinguée, on ne doit nullement s'approcher du bassin, pour laver ses mains, qu'après qu'elles auront lavé les leurs. Si cependant une personne supérieure nous prend la main et nous prie de laver avec elle, ce seroit une incivilité de lui résister.

Lorsqu'on lave ses mains, il faut se baisser tant soit peu, pour ne pas salir ses habits, et prendre garde de ne pas faire rejaillir d'eau sur personne.

Il est incivil de faire beaucoup de bruit avec ses mains en les frottant fort; lors, particulièrement, qu'on les lave étant en compagnie, et s'il arrivoit qu'on eût les mains fort sales, il seroit à propos de prendre la précaution de les laver en particulier dans quelqu'autre lieu, avant que de les laver avec la compagnie.

Si la personne qui présente de l'eau mérite quelque honneur, on doit lui faire quelque signe d'honnêteté en présentant les mains pour recevoir de l'eau, et s'incliner ensuite pour marquer qu'on en a versé suffisamment.

Lorsqu'il n'y a personne pour prendre la serviette, il est de la bienséance de la prendre aussi-tôt qu'on a lavé ses mains, et il est de l'honnêteté, avant que de les essuyer, de la présenter à ceux qui les ont lavées, ou avant nous, ou avec nous, et de les prévenir en cela. On ne doit jamais souffrir que la serviette demeure entre les mains d'une personne qui soit d'une qualité plus élevée, ou qui soit même supérieure; mais il est à propos de la tenir par le bout jusqu'à ce que cette personne s'en soit servie.

Il faut prendre garde, en essuyant ses mains, de n'incommoder personne, et de ne pas tellement mouiller la serviette que les autres ne puissent plus y trouver un endroit qui soit sec pour y essuyer les leurs. C'est pourquoi il est de l'honnêteté de n'essuyer ses mains qu'en un seul endroit de la serviette ou de l'essuie-main dont on se sert pour ce sujet.

Après que tous les convives ont lavé leurs mains, tous doivent se mettre autour de la table, et se tenir debout et découverts en grande modestie jusqu'à ce qu'on ait donné aux viandes la bénédiction.

Il est très indécent à des chrétiens de se mettre à
table pour prendre leur repas avant que les viandes
aient été bénites par quelqu'un de la compagnie.
Jésus-Christ, qui doit être notre modèle en toutes
choses, ayant eu pour pratique dans ses repas, selon
qu'il est rapporté dans le saint Évangile, de bénir
ce qui étoit préparé pour servir de nourriture, et à
lui et à ceux qui l'accompagnoient : en user autrement, c'est se conduire comme les bêtes.

Lorsqu'il y a quelque ecclésiastique dans la compagnie, il est de son devoir de donner la bénédiction avant le repas, et ce seroit faire une injure
à son caractère si un laïc, de quelque qualité qu'il
fût, osoit entreprendre de bénir les viandes en sa
présence. Ce seroit aussi contrevenir aux anciens
canons qui défendent à un diacre, et à bien plus
forte raison à un laïc, de bénir en présence d'un
prêtre.

S'il n'y a point d'ecclésiastique parmi les conviés,
c'est au chef de la famille, ou au maître de la
maison, ou à la personne qui a quelque qualité au-
dessus des autres, à donner cette bénédiction. Il
seroit cependant très-messéant qu'une femme le
fît en présence d'un ou plusieurs hommes.

Lorsqu'il y a quelque enfant présent, il arrive
souvent qu'on lui donne commission de s'acquitter
de cette fonction ; quelquefois même lorsque personne ne veut bénir les viandes à haute voix, chacun
des conviés le fait en son particulier à voix basse :
c'est cependant ce qui ne devroit pas arriver.

Lorsque la bénédiction est achevée, la bienséance
veut qu'on observe ce que Notre Seigneur ordonne

dans le saint Évangile, qui est de se mettre à la dernière place et au bas bout de la table, ou d'attendre qu'on nous donne une place. Et il est très-incivil à des personnes qui ne sont pas distinguées par leur qualité, de se placer les premiers ou de prendre les premières places. Pour ce qui est des enfants, ils ne doivent point s'asseoir que tous les autres ne soient placés. En s'assoyant, on doit avoir la tête nue, et ne pas se couvrir qu'on ne soit tout à fait assis, et que les personnes les plus considérables ne soient couvertes.

Lorsqu'on est assis à table, la bienséance veut qu'on se tienne droit sur son siège, et qu'on prenne garde de ne se pas coucher sur la table, et de ne pas s'y appuyer indécemment. Il n'est pas séant de s'en éloigner si fort qu'on ne puisse pas y atteindre, ou de s'en approcher de si près qu'on la touche. Sur-tout il ne faut jamais poser ses coudes sur la table, mais on doit être tellement disposé qu'on n'avance pas dessus plus que les poignets.

L'un des principaux égards qu'on doit avoir, lorsqu'on est à table, est de n'incommoder personne, soit avec les bras, soit avec les pieds ; c'est pourquoi on ne doit alors ni étendre, ni élargir les bras ou les jambes, ni pousser avec le coude ceux qui sont auprès de soi. Et s'il arrive qu'on y soit serré, il est à propos de se retirer un peu en arrière, pour se mettre plus au large ; on doit même se presser et s'incommoder pour accommoder les autres.

Des choses dont on doit se servir lorsqu'on est à table. — On doit se servir à table d'une serviette, d'une assiette, d'un couteau, d'une cuiller, d'une

fourchette et d'un gobelet. Il seroit tout à fait contre
l'honnêteté de se passer de quelqu'une de toutes
ces choses en mangeant.

C'est à la personne la plus qualifiée de la compagnie à déplier sa serviette la première, et les
autres doivent attendre qu'elle ait déplié la sienne
pour déplier la leur. Lorsque les personnes sont à
peu près égales, tous la déplient ensemble sans cérémonie.

En dépliant sa serviette, il faut l'étendre bien
sur ses habits, pour ne les pas gâter en mangeant,
et il est à propos qu'elle les couvre jusqu'à la poitrine.

Il est mal-honnête de se servir de sa serviette
pour s'essuyer le visage; il l'est encore bien plus de
s'en frotter les dents, et ce seroit une faute des plus
grossières contre la civilité de s'en servir pour se
moucher. C'est aussi une chose indécente de s'en
servir pour nettoyer les assiettes et les plats.

L'usage qu'on peut et qu'on doit faire de sa serviette, lorsqu'on est à table, est de s'en servir pour
nettoyer sa bouche, ses lèvres et ses doigts quand
ils sont gras, pour dégraisser le couteau avant que
de couper du pain, et pour nettoyer la cuiller et la
fourchette après qu'on s'en est servi. Il faut avoir
attention de ne point salir la nappe, et qu'elle soit
toujours propre.

Après avoir déplié sa serviette, il faut avoir soin
qu'on ait son assiette devant soi, et que le couteau,
la fourchette et la cuiller soient à la main droite,
afin qu'on les puisse prendre commodément.

Lorsque l'assiette est sale, on doit bien prendre

garde de la ratisser avec la cuiller ou la fourchette pour la rendre nette, ou de nettoyer avec ses doigts son assiette, ou le fond de quelque plat : cela est très vilain, il faut se la faire desservir, et s'en faire apporter une autre.

Lorsqu'on change ou qu'on ôte les assiettes, on doit se laisser desservir sans rien dire, et recevoir l'assiette qui est présentée.

S'il arrive cependant qu'en changeant les assiettes, on serve quelqu'un avant une personne qui lui est supérieure, ou si on ne donne pas assez tôt une assiette à cette personne, il faut alors lui présenter la sienne, et la lui donner, pourvu qu'on ne s'en soit pas encore servi.

Il ne faut pas, lorsqu'on est à la table, tenir toujours le couteau à la main, il suffit de le prendre lorsqu'on veut s'en servir.

Il est aussi très incivil de porter quelque chose à la bouche, ayant le couteau à la main, ou de l'y porter avec la pointe du couteau.

Il est contre la bienséance de tenir la fourchette ou la cuiller à pleine main, comme si on tenoit un bâton, mais on doit toujours les tenir entre ses doigts. Il ne faut aussi jamais les tenir de la main gauche, lorsqu'on les porte à la bouche; et il n'est jamais permis de les lécher après avoir mangé ce qui est dessus ou dedans, mais on doit prendre proprement ce qu'il y a, et en laisser le moins qu'on pourra.

Quand on prend le potage ou quelque autre chose avec la cuiller, il ne faut pas trop la remplir, de crainte qu'il ne tombe quelque chose sur ses habits, ou sur la nappe. Il faut en tirant la cuiller hors de l'écuelle, du plat, ou de l'assiette, la glisser légèrement sur le bord, pour faire tomber les gouttes de bouillon qui pourroient rester sous la cuiller.

On ne doit pas se servir de la fourchette pour porter à sa bouche des choses liquides et qui pourroient se répandre : c'est la cuiller qui est destinée pour prendre ces sortes de choses.

Il est de l'honnêteté de se servir toujours de la fourchette pour porter la viande à sa bouche; car la bienséance ne permet pas de toucher avec les doigts à quelque chose de gras, à quelque sauce ou à quelque sirop. Et si quelqu'un le faisoit, il ne pourroit se dispenser de commettre ensuite plusieurs autres incivilités; comme seroit d'essuyer souvent ses doigts à la serviette, ce qui la rendroit fort sale et fort malpropre; ou de les essuyer à son pain, ce qui seroit très malhonnête; ou de lécher ses doigts, ce qui ne peut être permis à une personne bien née et bien élevée.

Si on veut rendre une cuiller, une fourchette ou un couteau à quelqu'un qui les auroit prêtés pour quelque besoin, il est de la bienséance de les bien nettoyer avec sa serviette, à moins qu'on ne les donne à quelque domestique pour les laver, et ensuite les mettre proprement sur une assiette nette, pour les présenter à la personne de qui on les a reçus.

De la manière dont on doit inviter, demander, recevoir ou prendre à manger lorsqu'on est à table. — Il n'est pas à propos que chacun se mêle d'inviter les autres à manger lorsqu'on est à table, c'est au maître ou à la maîtresse de la maison à le faire: d'autres qu'eux ne doivent point prendre cette liberté. Cela peut se faire en deux manières : 1º Par paroles, avec beaucoup d'honnêteté. 2º En présentant des viandes qu'on sait être, ou qui peuvent être, le plus au goût des personnes à qui on les présente.

La bienséance chrétienne veut qu'on n'invite personne à manger qu'en lui servant des viandes sur son assiette; et n'exciter personne à boire, mais de prendre garde seulement qu'on en serve de temps en temps à ceux qui sont à table, en cas qu'ils s'abstiennent d'en demander.

Lorsqu'on est à table, on peut demander seulement les choses dont on a besoin : mais c'est une incivilité des plus grossières de demander le meilleur morceau.

Si celui qui sert les viandes demande ce qu'on souhaite, on répond ordinairement : *Ce qu'il vous plaira*. On peut cependant demander d'un met préférablement aux autres, pourvu que ce ne soit pas d'un met exquis ou extraordinaire, ou de quelque friandise. Il est néanmoins beaucoup mieux de ne rien demander du tout, soit en se servant soi même, soit en attendant qu'on vous en présente.

Il ne faut aussi jamais faire paroître qu'on a de la peine à manger de quelque chose qui est sur la table; et il est tout-à-fait contre la bienséance de le dire : ces sortes d'aversions n'étant souvent qu'imaginaires. On pourroit s'en corriger facilement, si on vouloit se faire un peu de violence, particulièrement pendant qu'on est jeune. Et un moyen sans doute fort aisé de le faire seroit de souffrir quelques jours la faim, car la faim fait trouver tout bon; et souvent des choses dont une personne ne peut se résoudre de manger lorsqu'elle n'a pas faim, lui sont très délicieuses quand elle a faim. On doit aussi prendre garde de ne pas tant rechercher ses appétits; mais il faut, autant qu'il est possible, s'accoutumer à manger de tout, et pour cela se faire souvent servir des viandes pour lesquelles on a de l'aversion, particulièrement après avoir été quelque temps sans manger. A moins que de prendre ces sortes de précautions, on se met dans le cas, lorsqu'on est à table, d'être bien incommode aux autres, surtout à ceux qui traitent, et d'avoir la confusion de passer pour une personne trop délicate, et qui ne sait pas se mortifier.

Si la répugnance qu'on a aux choses qui sont servies est si grande qu'on ne la puisse vaincre, on ne doit pas pour cela refuser ce qui est présenté; mais après l'avoir pris honnêtement, sans faire semblant de rien, il faut le laisser sur son assiette, et quand les autres n'y prendront pas garde, se faire desservir ce qu'on n'aura pas pu manger.

Si ce qu'on reçoit à table est quelque chose de liquide ou de gras, il ne faut pas le recevoir avec la main, mais il est de la bienséance de présenter son assiette, en la tenant de la main gauche, et le couteau ou la fourchette de la main droite pour appuyer dessus ce qui est servi, en cas de besoin : il faut alors recevoir, avec action de grâces, ce qui est présenté, en avançant l'assiette vers sa bouche, comme pour la baiser, et faisant en même temps une honnête inclination.

Quand quelqu'un distribue les viandes coupées, il est incivil de tendre son assiette avec précipitation, pour être servi des premiers : c'est une marque et un effet d'une grande impolitesse. Il faut attendre que celui qui sert en présente, et alors il faut tendre son assiette pour recevoir ce qui est présenté. Si cependant celui qui sert passe le tour d'un autre qui est au-dessus de vous, il est à propos de vous excuser de prendre ce qui est offert; mais si on est pressé de le prendre, on doit le présenter incontinent soi-même à la personne qui aura été passée ou à la personne la plus qualifiée, à moins que ce ne fût elle-même qui le présentât.

Le pain, les fruits, les dragées, les œufs frais et les huîtres à l'écaille peuvent se recevoir avec la main; et on doit alors prendre ces choses comme en baisant la main, et l'avançant pour la commodité de la personne qui les présente.

De la manière de couper et de servir les viandes, et de se servir soi-même. — Il est très incivil de couper les viandes et de les servir, lorsqu'on est à la table d'une personne supérieure, à moins qu'elle ne le commande, quand même on sauroit parfaitement s'en acquitter. C'est au maître ou à la maîtresse de le faire, ou à ceux de la compagnie qu'ils prient de se donner cette peine.

Si on prie quelqu'un de couper les viandes, qui ne le sache pas faire, il ne doit pas avoir de honte, ni se faire de la peine de s'en excuser. Mais si c'est

15.

quelqu'un qui le sache faire, après avoir coupé les viandes, il les laissera dans le plat, afin que chacun en prenne; ou il pourra les servir, si le maître l'en prie; ou bien il fera passer le plat devant le maître ou la maîtresse de la maison, afin qu'ils les distribuent selon leur volonté.

Si cependant la table est fort grande, et qu'il n'y ait pas de facilité à une même personne de servir tous les conviés, on pourra servir seulement ceux qui sont auprès de soi.

Les jeunes gens et ceux qui sont de moindre considération ne doivent pas se mêler de servir les autres, mais ils doivent seulement prendre pour eux de ce qui est devant eux, ou recevoir ce qu'on leur présente, avec honnêteté et avec action de grâce.

Quand on sert les autres à table, il est de la bienséance de leur donner tout ce dont ils peuvent avoir besoin, même des viandes qui sont proches d'eux. Il faut aussi toujours leur donner les meilleurs morceaux, qu'il n'est jamais permis de prendre pour soi; et préférer les personnes les plus qualifiées à celles qui le sont le moins, les servant les premières et leur donnant de ce qu'il y a de meilleur, sans toucher à rien qu'avec la fourchette. Si quelqu'un demande à un autre de quelque mets qui soit devant lui, il doit en user de même.

Afin qu'on ne puisse pas prendre pour soi les meilleurs morceaux (ce qui pourroit quelquefois arriver par méprise, faute de le savoir), et qu'on puisse les servir à propos à ceux à qui il convient, on a cru qu'il seroit bon de le faire ici connoître, pour donner occasion de ne s'y pas tromper [1]...

Lorsqu'on se sert soi-même, il est fort incivil de faire du bruit avec le couteau, la cuiller ou la fourchette, en prenant quelque chose dans le plat. Mais on doit le prendre avec tant de retenue et de sagesse qu'on ne puisse presque pas être apperçu et encore moins entendu des autres.

On doit toujours se servir du couteau pour couper la viande, et en la coupant l'arrêter avec la fourchette, dont on doit user aussi pour porter sur son assiette le morceau qu'on aura coupé. Il faut bien se garder de prendre la viande avec la main, et d'en prendre un trop gros morceau à la fois.

La bienséance ne permet pas de chercher dans le plat les morceaux qui sont le plus à son goût. Elle ne permet pas non plus de prendre ceux qui sont les plus éloignés; mais elle veut qu'on prenne ce qui est devant soi. Il est encore de mauvaise grâce de tourner le plat pour y prendre ce qu'on souhaite : cela ne se peut faire que par ceux qui servent les autres, qui ne doivent même le faire que rarement et d'une manière fort sage.

C'est aussi une grande incivilité d'étendre le bras par dessus le plat qui est devant soi, pour atteindre à quelque autre : il faut en demander; mais il vaut mieux attendre qu'on en serve.

Il faut prendre en une fois ce que l'on veut manger, et il est indécent de mettre deux fois la main de suite au plat. Il l'est bien plus de l'y

---

[1] Je supprime ici huit paragraphes, qui sont presque littéralement empruntés à la *Civilité* de Courtin.

mettre pour prendre morceau à morceau, ou de tirer la viande par lambeaux avec la fourchette.

Lorsqu'on veut prendre quelque chose dans le plat, il faut auparavant essuyer la cuiller ou la fourchette avec laquelle on veut la prendre, si on s'en est déjà servi.

Il est bien incivil et il est même très-honteux de nettoyer les plats avec du pain, ou de les rendre si nets, soit avec la cuiller ou avec quelqu'autre chose, qu'il n'y reste plus du tout ni sauce, ni viande. Il n'est pas moins mal-honnête de tremper du pain dans la sauce d'un plat commun, ou de prendre le reste de la sauce dans la cuiller : et il est très vilain de la prendre avec ses doigts.

Si chacun prend au plat, il faut bien se garder, d'y mettre la main que les personnes les plus considérables de la compagnie ne s'y soient mises, ou de prendre ailleurs qu'à l'endroit du plat qui est vis-à-vis de soi.

Il est malséant de toucher le poisson avec le couteau, à moins qu'il ne soit en pâté. On le prend ordinairement avec la fourchette, et on le sert de même sur une assiette.

Les olives se prennent, non pas avec la fourchette, mais avec la cuiller. Toutes sortes de tartes, de confitures et de gâteaux, après avoir été coupés sur le plat ou sur le bassin où on les a servis, se prennent avec le plat du couteau qu'on met par dessus, et se présentent ensuite sur une assiette.

Les cerneaux se prennent dans le plat avec la main, ainsi que les autres fruits cruds, et les confitures sèches; et il est de la bienséance de peler presque tous les fruits cruds, avant que de les présenter, et de les couvrir ensuite bien proprement de leur pelure : on peut cependant les présenter sans les peler.

Lorsqu'on coupe des citrons et des oranges, on les coupe en travers. Pour ce qui est des pommes et des poires, on les coupe en long.

Il ne faut pas, lorsqu'on est à table, parler beaucoup de la qualité des viandes, si elles sont bonnes ou mauvaises, ni dire facilement son sentiment sur les assaisonnements et sur les sauces : car ce seroit faire paroître qu'on prend bien du plaisir dans la bonne chère, et qu'on se plaît à être bien traité, ce qui est la marque d'une âme sensuelle et de très-basse éducation.

Il est cependant de la civilité de témoigner toujours qu'on est très-satisfait et content de ce qui est servi, et qu'on le trouve bon. Et si le maître du festin demande à quelqu'un son sentiment sur les mets qui sont servis et sur les viandes qui sont présentées, on doit toujours répondre le plus honnêtement et le plus avantageusement qu'il est possible, afin de ne lui pas donner sujet de se faire de la peine, comme il arriveroit si quelqu'un faisoit paroître que les viandes ne sont pas à son goût, ou sont mal apprêtées, comme par exemple qu'elles sont trop salées ou trop poivrées, ou qu'elles sont trop chaudes ou trop froides. Ces discours ne sont capables que de faire de la peine à la personne qui traite, qui n'est pas ordinairement la cause de ces accidents, et quelquefois même ne s'en apperçoit pas. Il n'est pas moins messéant de donner de

grandes louanges aux viandes et à tout ce qui est
servi, et de donner des marques, par de tels discours, qu'on se plaît à faire bonne chère et qu'on
se connoît aux meilleurs morceaux : car c'est montrer qu'on est gourmand et sujet à son ventre.

*De la manière de manger, pour le faire honnête-
ment.* — Le sage donne plusieurs avis importants
touchant la manière dont on doit se comporter lorsqu'on est à table pour y manger avec honnêteté
et avec bienséance. Il avertit :

1° Qu'aussitôt qu'on est à table, on ne doit pas
regarder les viandes avec avidité, comme si on devoit manger tout ce qui est sur la table et ne rien
laisser aux autres.

2° Il dit qu'on ne doit pas porter le premier ses
mains aux viandes. Il faut laisser cet honneur et
cette marque de prééminence à la personne la plus
qualifiée de la compagnie.

3° Il défend de s'empresser pour manger. Il est
aussi très incivil de manger avec précipitation, cela
sent le gourmand.

4° Il veut que chacun use, comme un homme
tempérant, de ce qui est servi, n'en mangeant
qu'avec beaucoup de retenue et modération, quoiqu'on en puisse prendre autant qu'on en aura
besoin.

5° Il exhorte à déférer beaucoup aux autres,
lorsqu'on est à table, et à ne pas porter la main au
plat en même temps qu'eux : c'est ce qu'exige aussi
la bienséance.

6° Il ordonne qu'on cesse le premier de manger,
par modestie : c'est ainsi que doit se conduire une

personne sobre, qui fait profession de suivre, dans le manger, les règles de la tempérance. Et la raison qu'en donne le sage, est qu'on ne doit pas excéder dans le manger, de peur de tomber en faute.

7° Il ajoute, pour engager à toutes ces pratiques d'honnêteté et de société, que celui qui mange peu aura un sommeil de santé, et qu'au contraire, l'insomnie, la colique et les tranchées sont le partage de l'homme intempérant.

La civilité ne nous prescrit rien de plus précis, touchant la manière de manger, que ces règles que le sage nous donne pour nous conduire honnêtement dans cette occasion, qui, en effet, demande de nous tant et si grandes précautions pour la bien faire.

Elle ne veut pas, lorsqu'on mange, qu'on mette un morceau dans la bouche avant que le premier ne soit avalé. Elle ne veut pas aussi qu'on se précipite tellement en mangeant qu'on avale les morceaux sans presque se donner le temps de les mâcher. Elle ordonne de manger toujours avec beaucoup de modération, sans se hâter; et elle ne permet pas de manger jusqu'à se faire venir le hoquet : car c'est une marque d'une excessive intempérance. Elle donne pour pratique de ne pas commencer le premier à manger, non plus qu'à manger de quelques nouveaux mets nouvellement servis, à moins qu'on ne soit le plus considérable de la compagnie. Et elle ne peut souffrir qu'on demeure le dernier à table, lorsqu'il s'y trouve des personnes pour qui l'on doit avoir du respect. En effet, c'est une grande incivilité de manger encore après que ces personnes ont cessé de manger, et rien n'est plus messéant que de manger seul, et de faire attendre les autres après soi pour sortir de table.

Les enfants surtout doivent prendre pour règle de commencer les derniers à manger, et de finir les premiers [1].

De la manière dont on doit manger le potage. — Le potage se sert de deux différentes manières. Lorsqu'on le sert en commun, on le met dans un plat; lorsqu'on le sert à une personne en particulier, on le sert dans une écuelle. Cela se pratique aussi dans les familles, particulièrement à l'égard des enfants et des personnes incommodées.

Ce seroit une grossièreté de servir le potage dans des écuelles, lorsqu'on donne à manger à quelqu'un. On doit alors le mettre dans un plat, et mettre deux grandes cuillers à côté qui servent à distribuer la soupe à tous les convives, et toujours en commençant par les personnes les plus qualifiées de la compagnie.

Il est incivil de prendre le potage dans le plat pour le manger, et d'en tirer chaque fois avec la cuiller ce qu'on peut porter à sa bouche pour manger. Mais il faut recevoir du potage des personnes qui en servent avec les grandes cuillers faites exprès; il faut ensuite se servir de sa cuiller pour manger ce qui est sur son assiette.

S'il n'y a point de grande cuiller et que personne ne serve du potage, il faut se servir de la

---

[1] Suivent quelques paragraphes empruntés à Érasme.

sienne pour en prendre, après l'avoir bien essuyée
auparavant.

Pour ce qui est de la manière dont on doit
manger le potage dans une écuelle, il est contre la
bienséance de le humer dedans l'écuelle, comme
ferait un malade; mais il faut le prendre peu à
peu avec la cuiller. C'est aussi une grande incivilité de prendre l'écuelle par une oreille, et de
verser dans sa cuillère le reste du bouillon qui est
dedans, après avoir mangé le potage.

Il est aussi fort mal-honnête de tenir l'écuelle
par la main gauche, comme si on avoit peur que
quelqu'un ne la prît.

La bienséance veut aussi qu'on né fasse pas de
bruit avec l'écuelle et la cuiller en prenant du
potage, et qu'on ne racle pas bien fort de côté et
d'autre, pour amasser le reste du pain qui est
attaché au fond de l'écuelle.

Quoiqu'il ne soit pas bien de nettoyer son écuelle
si nette qu'il n'y reste plus rien dedans, il est cependant de l'honnêteté de n'y pas laisser de potage. Il
faut manger tout ce qu'il y a dans l'écuelle, et tout
ce qu'on a mis sur son assiette. Il n'en est pas de
même du plat : car ce seroit une incivilité de le
vuider entièrement, à moins que personne ne veuille
prendre le reste du potage, quand il y en a peu.

Après que l'on a mangé tout ce qu'il y a dans
son écuelle, il la faut rendre à celui qui a soin de
desservir, ou la mettre en quelqu'endroit sur la
table où elle ne puisse incommoder personne,
mais il ne la faut jamais mettre à terre.

Lorsqu'on mange du potage, il faut tenir honnêtement sa fourchette de la main gauche, et s'en servir pour accommoder proprement le potage dans sa cuiller, afin qu'il ne tombe pas en le portant à sa bouche. ·

C'est une grande incivilité de faire du bruit avec les lèvres en retirant son vent lorsqu'on met la cuiller dans la bouche, ou d'en faire avec la gorge en l'avallant. Il faut mettre le potage dans sa bouche, et l'abaisser avec une si grande retenue qu'on n'entende pas le moindre bruit.

On doit manger le potage fort doucement, en sorte qu'on ne fasse paroître en cette occasion aucune avidité, ni aucun empressement; car ce seroit faire connoître évidemment sa gourmandise.

Il est très-indécent de manger en deux fois ce qui est dans la cuiller. Il faut manger en une seule fois ce qui est dans la cuiller lorsqu'on la porte à sa bouche, et non pas à plusieurs reprises.

Le moyen d'en user ainsi, est de ne pas trop emplir la cuiller lorsqu'on prend du potage, ce qui est une faute considérable contre la bienséance dans le manger. Car si on l'emplissoit trop fort, cela obligeroit à deux grandes incivilités : l'une à ouvrir extraordinairement sa bouche pour faire entrer la cuiller dedans; l'autre à manger à plusieurs reprises ce qu'on doit prendre en une seule fois. Outre qu'on se met en danger de laisser tomber quelque chose sur la nappe, sur sa serviette, ou même sur ses habits, en portant sa cuiller à sa bouche, ce qui seroit très-malpropre.

La modestie qu'on doit garder lorsqu'on est à table ne peut permettre de s'incliner indécemment tout le corps vers sa cuiller, lorsqu'on la porte à sa bouche en mangeant le potage. Mais elle permet encore bien moins de tirer la langue, lorsqu'on approche la cuiller de sa bouche. On peut cependant s'incliner tant soit peu, afin de ne rien laisser tomber de sa cuiller et de ne pas salir ses habits, mais il faut ne se baisser que fort peu.

Lorsque le potage ou ce qu'on mange est trop chaud, il faut bien se garder de le souffler, soit sur l'assiette, soit dans l'écuelle, soit dans la cuiller en la portant à sa bouche : cela est tout à fait contre la bienséance. Il vaut mieux attendre qu'il soit un peu refroidi : on peut cependant le remuer doucement avec la cuiller.

De la manière dont on doit servir, prendre et manger le pain et le sel. — Les places où l'on doit mettre le morceau de pain qu'on a pour manger est le côté gauche auprès de l'assiette; il est malhonnête de le mettre à droite, ou devant, ou derrière l'assiette, et encore plus auprès du pain d'un autre.

On peut commettre plusieurs incivilités en coupant du pain, dont les enfants particulièrement doivent se donner de garde. Il est, par exemple, très malhonnête de creuser le pain, en ne prenant que la mie; ou de séparer les deux croûtes, en la coupant en longueur; ou de l'écorcher, pour ainsi dire, en ôtant la croûte tout autour; ou de la couper tout par petits morceaux, comme on fait le pain bénit, et le laisser ainsi sur la table; ou, en le coupant, de laisser tomber beaucoup de miettes sur la nappe. Il n'est pas moins malhonnête de le

tenir à pleine main en le coupant, ou de le poser
sur sa poitrine, ou de couper son morceau de pain
sur la nappe ou sur son assiette : il est plus séant
de le rompre avec les mains, mais il est plus honnête de se servir de son couteau pour couper le pain.
Mordre dans le pain est une chose si ridicule qu'il
n'y a que des personnes mal élevées et d'une basse
éducation qui en soient capables. Pour couper du
pain, il faut le tenir de la main gauche et trancher
de la main droite avec le couteau.

Lorsqu'on veut présenter du pain à quelqu'un,
on ne doit pas le faire avec la main, mais sur une
assiette nette, ou sur une serviette, et on doit le recevoir avec la main, comme en la baisant.

Quand on veut couper un morceau à un pain qui
est commun, il faut auparavant nettoyer son couteau, et n'en pas couper un trop gros morceau à la
fois. Il faut bien se garder de n'en couper que la
croute par un coin; mais on doit toujours le couper
droit en longueur jusque vers la moitié du pain,
sans en prendre plus d'un côté d'une croute que de
l'autre : car il ne peut être ni honnête ni sage de
choisir dans le pain ce qu'on en peut prendre; ce
seroit laisser aux autres son reste et ce qui n'est pas
à son goût, et mettre sa sensualité tout à fait en
évidence.

Si on a de si mauvaises dents qu'on ne puisse
pas manger la croute de son pain, il est bien plus à
propos de l'écrouter par petits morceaux à mesure
qu'on le mange que de l'écrouter entièrement d'un
coup : car il n'est pas honnête de mettre sur la table
un gros morceau de pain qui ne soit que de la mie.

Il seroit de très-mauvaise grâce en mangeant le pain d'en tenir un gros morceau renfermé dans la main ; mais il faut le laisser ordinairement sur la table, et couper chaque fois avec le couteau le morceau qu'on veut porter à sa bouche. Il est aussi de la bienséance que les morceaux qu'on porte à la bouche soient petits, et il faut toujours les y porter avec la main seule, et les y mettre en les tenant avec le pouce et le second doigt.

Les œufs à la coque se mangent ordinairement en trempant le pain dans l'œuf. C'est pourquoi lorsqu'on en veut manger de la sorte, il faut, avant que de les casser, préparer le pain dont on a besoin pour le manger. Mais il n'est jamais permis de mettre du pain dans le vin, comme pour en faire de la soupe ; cela est même peu supportable à des personnes qui seroient incommodées, et elles ne doivent pas le faire qu'il n'y paroisse une évidente nécessité, et qu'il ne leur soit ordonné comme un véritable et presque unique remède.

Le sel, dit l'Évangile, est l'assaisonnement des viandes. On doit le prendre dans la salière avec la pointe du couteau, et jamais avec ses doigts, et ensuite le mettre sur son assiette.

Avant que de mettre le couteau dans la salière pour y prendre du sel, il faut avoir soin de le nettoyer avec sa serviette : car il est très-malhonnête d'en prendre avec un couteau gras et malpropre. Il n'en faut prendre qu'autant qu'il est nécessaire.

On ne doit jamais mettre dans la salière ce qu'on veut saler : mais il faut le saler avec le sel qu'on aura mis sur son assiette.

Il ne faut pas se laisser prévenir de la sotte idée de certaines personnes, qui se font scrupule de présenter du sel aux autres. Et lorsqu'on en veut présenter aux personnes qui sont éloignées, il faut, ou en mettre sur une assiette pour le présenter ensuite à ceux qui en auront besoin, ou leur offrir la salière, si cela se peut, afin qu'ils en prennent eux-mêmes.

. On doit en user à l'égard de la moutarde, lorsqu'on s'en sert à table à peu près comme on en use à l'égard du sel.

De la manière dont on doit se comporter à l'égard des os, de la sauce et du fruit. — Il est très-malhonnête de tenir les os à pleine main, il est même de la bienséance de ne les toucher que le moins qu'il est possible. Et s'il en est nécessaire, il le faut faire avec les deux doigts, et les tenir par quelque endroit qui ne puisse pas les graisser.

C'est une chose bien plus vilaine et honteuse de les ronger avec les dents tout autour, et les tenant avec les deux mains. Il est aussi très-indécent de les sucer en faisant du bruit, en sorte qu'on soit entendu des autres. On ne doit pas même les porter à sa bouche ; il faut se contenter d'en tirer doucement la viande avec le couteau, le plus proprement qu'on peut, et les mettre ensuite sur son assiette, sans jamais les jeter à terre, ce qui seroit une très-grande incivilité.

C'est une marque de sensualité qui n'est jamais permise de casser les os avec le couteau, ou avec quelqu'autre chose, ou de les frapper sur la table ou sur son assiette, ou de les secouer pour en tirer

la mouelle. Il faut la tirer avec la fourchette, ou
avec la pointe du couteau, ou avec le manche de la
cuiller, si cela se peut facilement; sinon il ne faut
pas même essayer de le faire. Il est cependant
beaucoup mieux et bien plus honnête de ne se
mettre aucunement en peine de tirer la mouelle
des os.

Il seroit à propos de ne pas prendre de sauce
dans le plat, car cela marque toujours quelque sensualité dans la personne qui le fait ; mais quand on
en prend, il faut le faire avec sa cuillier, après
l'avoir essuyée avec sa serviette.

Il très-incivil de saucer les morceaux de viande
dans le plat à mesure qu'on les mange. Il l'est
encore bien plus de tremper son pain dans la sauce;
mais il très vilain d'y tremper le pain ou la viande
après les avoir portés à sa bouche.

A l'égard des fruits, des confitures, ou des autres
choses qui se donnent au dessert, l'honnêteté veut
qu'on soit fort retenu à y toucher, et qu'on n'en
mange qu'avec modération. En user autrement, ce
seroit faire connoître qu'on a de l'attache à ces
sortes de friandises. Il faut particulièrement que les
enfants se donnent bien de garde de faire quelque
signe des yeux ou des épaules, qui marquent qu'ils
en désirent : ils doivent attendre qu'on leur en
donne.

Une chose qu'il n'est jamais permis de faire, surtout lorsqu'on est à la table d'une personne à qui
on doit du respect, c'est de mettre dans sa poche
ou dans sa serviette du fruit pour le conserver,
comme seroit, par exemple, une pomme, une poire,

une orange, etc., à moins que le maître du repas
ne presse et ne force à le faire.

Il n'est aussi nullement permis, lorsqu'on est
dans quelque jardin, à moins qu'il ne soit à quelqu'un de ses amis intimes, d'y cueillir des fruits ou
des fleurs, ou d'en demander pour les emporter : la
bienséance veut qu'on ne touche jamais à rien.

C'est une grande incivilité de présenter à quelqu'un du fruit ou quelqu'autre chose dont on
auroit déjà mangé. Il est aussi malhonnête d'avaler
les noyaux, ou de les casser avec les dents ou avec
quelqu'autre chose pour en tirer l'amande. Il n'est
pas aussi séant de les cracher sur son assiette, ou de
les jeter à terre, ou dans le feu : mais il faut les
recevoir dans la main gauche à demi ouverte, et
les mettre ensuite honnêtement sur son assiette.

*De la manière dont on doit demander et recevoir
à boire, et boire lorsqu'on est à table.* — ...Il est
très-incivil d'égoutter les pots, et en buvant de sucer ses lèvres. Il faut aussi prendre garde de ne pas
boire trop souvent, surtout du vin pur, la sobriété
veut qu'il y ait beaucoup d'eau mêlée avec le vin.

Si dans le temps qu'on est obligé de répondre à
une personne qui est supérieure, elle porte le verre
à la bouche, il faut attendre qu'elle ait bu pour continuer son discours ; il faut observer la même chose,
quelque personne que ce soit qui boive, et ne
jamais lui parler pendant qu'elle boit.

Présenter à une personne un verre de vin dont
on ait goûté, est une chose très-malhonnête. Porter
des santés aux uns et aux autres, pour les obliger
de boire davantage, c'est une pratique qui sent le

cabaret, et qui n'est plus en usage parmi les honnêtes gens : il ne faut pas même boire facilement à la santé les uns des autres, à moins qu'on ne soit avec ses amis les plus familiers, et qu'on ne le fasse pour marque d'amitié ou de réconciliation. Les enfants, surtout, ne doivent pas boire à la santé de personne, à moins qu'on ne leur commande.

Qui que ce soit ne doit boire à la santé d'une personne qui soit d'une qualité beaucoup supérieure à la sienne ; et s'il est quelquefois permis de le faire, on ne doit le faire que par une inclination de tête respectueuse ; et celui à la santé duquel on boit en le saluant, doit remercier en s'inclinant autant que le demande la qualité de celui qui lui fait cet honneur, et boire ensuite à la santé de celui qui a bu à la sienne, en s'inclinant un peu sans se découvrir.

Si c'est une personne de grande qualité qui boit à la santé d'une autre de moindre considération, celui à qui elle s'adresse doit s'incliner un peu sur la table jusqu'à ce que cette personne ait achevé de boire, et on ne doit nullement lui faire raison à moins qu'elle ne l'ordonne.

De la sortie de la table, et de la manière d'y servir et desservir. — On ne doit pas attendre qu'on ait l'estomac plein de viande pour cesser de manger : comme il est de l'honnêteté de manger avec modération, il l'est aussi de ne pas manger jusqu'à être entièrement rassasié.

Les enfants doivent toujours sortir de table les premiers, en se découvrant et en faisant la révérence.

Lorsqu'on est obligé de se lever et de sortir de

table avant les autres, il faut avoir la tête nue. Et en cas qu'on soit dépendant ou domestique, il ne faut pas se lever qu'on n'ôte soi-même ou qu'il n'y ait quelqu'un pour ôter son assiette, dont l'objet n'est pas honnête.

S'il arrive que quelque personne pour laquelle on doit avoir de la considération mange et se tienne encore à table à la fin du repas, et qu'on soit seul avec cette personne, on doit par honnêteté et par respect demeurer à table pour lui tenir compagnie jusqu'à ce qu'elle se lève.

Il faut que les personnes qui servent à table aient les mains fort nettes, et soient toujours découvertes. La première chose qu'elles doivent faire est d'étendre proprement la nappe sur la table, mettre ensuite la salière dessus, et puis les assiettes, sur lesquelles elles mettront le pain, qu'elles couvriront honnêtement de la serviette, pourvu qu'on ne se serve pas d'écuelles pour le potage; car alors il faut mettre les écuelles sur les assiettes, et mettre le couteau, la cuiller et la fourchette à droite dessous le pain, et la serviette par dessus.

Il faut ensuite laver les verres et les goblets, et les disposer de telle manière sur le buffet ou sur une petite table couverte d'un linge blanc, qu'on ne puisse pas les changer facilement lorsqu'on voudra les présenter. Il faut toujours avoir soin que tout ce qui est nécessaire, comme le pain, le sel, et des assiettes pour servir le pain, soient sur la table ou sur le buffet bien propre et bien rangé.

Il faut ensuite donner de l'eau pour laver les mains, en élevant un peu l'aiguière avec cérémonie,

ayant la serviette pliée en long sur l'épaule gauche,
et tenant le bassin par-dessous, posé sur la main et
sur le bras gauche, à moins qu'il ne soit déjà posé
sur quelque chose. C'est sur les mains de la personne la plus considérable de la compagnie qu'il
faut commencer à verser de l'eau. Il faut ensuite
en verser sur les mains des autres, selon leur rang
et leur qualité, et quelquefois sans aucun ordre ni
distinction entre elles; ce que l'on doit toujours
faire lorsque les personnes ne sont pas d'une qualité fort distinguée.

Un des premiers soins qu'on doit avoir lorsqu'on
sert à table est de bien essuyer les plats par dessous, particulièrement celui du potage, afin qu'ils
ne salissent pas la nappe ; et de les disposer tellement que chacun y puisse facilement porter la
cuiller ou la fourchette, quand il en aura besoin.

Le pain doit toujours se présenter sur une assiette,
ou dans une serviette s'il n'y a point d'assiette nette
sur le buffet; et on ne doit jamais l'offrir avec la
main nue, ni le servir du côté de la personne la
plus honorable.

Ceux qui servent doivent toujours se tenir prêts
à servir ce que l'on demandera, et doivent pour
cela avoir toujours l'œil sur la table, et ne pas s'en
éloigner.

S'il faut être découvert pour servir à table, il le
faut être particulièrement pour servir à boire ; et
lorsqu'on en présente à quelqu'un, il faut donner
le verre ou le goblet à la personne qui veut boire,
en le présentant sur une assiette, et verser à boire
doucement, tenant la bouteille de la main droite,

et verser jusqu'à ce que celui qui veut boire lève le verre pour faire connoître qu'il n'en veut· pas davantage.

· Il est de la bienséance de ne présenter à boire à personne, que l'on n'ait mangé quelque temps des viandes après que le potage aura été levé, et de commencer toujours à verser à boire à la personne la plus considérable de la compagnie. On doit aussi observer de présenter toujours à boire du côté gauche de la personne que l'on sert. Si cependant il y a plusieurs personnes à table, il ne faut rien présenter à côté de la personne la plus qualifiée, à moins qu'absolument on ne puisse faire autrement.

Lorsqu'en servant du vin, on en a trop mis dans le verre, il ne faut pas le verser dans la bouteille, mais dans un autre verre ; et si au contraire on n'en a pas mis assez, il en faudra encore remettre autant que celui qu'on sert en souhaitera.

Lorsqu'on présente à boire à quelqu'un, hors des repas, après lui avoir donné le verre il faut tenir dessous une serviette, ou une assiette, afin d'empêcher que quelque goutte ne tombe sur ses habits: Et après qu'il aura bu, il faudra recevoir de lui le verre comme en le baisant. On met aussi une assiette nette sous le verre lorsqu'on sert à boire à quelqu'un.

Les personnes qui veulent manger proprement changent d'assiette au moins deux fois durant le dîner : une fois après avoir mangé le potage et une fois pour le dessert. Chez les personnes de qualité, on en change ordinairement à chaque plat que l'on sert.

Il doit toujours y avoir des assiettes nettes sur le buffet, pour en changer à ceux qui peuvent en avoir besoin; et il est à propos d'en changer lorsqu'on a son assiette trop chargée.

Ceux qui servent et qui changent les assiettes doivent commencer par la personne la plus considérable de la compagnie, et le faire tout de suite en continuant, rendant à chacun une assiette nette à mesure qu'ils en ôteront de dessus la table.

Lorsqu'on est à table, il faut se tenir dans une grande tenue, et ne pas jetter fixement la vue sur ceux qui mangent, ni sur les viandes. On doit aussi avoir soin qu'il ne manque jamais rien à ceux qui sont à table, et qu'ils ne soient pas obligés de demander plusieurs fois à boire; c'est pourquoi ceux qui servent doivent être très-attentifs à examiner s'il ne leur manque rien, et être prompts à les servir.

Il est contre la bienséance de lever les plats pendant que quelqu'un mange encore : il faut attendre qu'on fasse signe de les ôter, soit en les éloignant, soit en quelqu'autre manière. Il ne faut pas non plus lever aucun plat, qu'on n'en remette un autre à la place : car il n'est pas séant que la table demeure vuide, si ce n'est à la fin des repas.

Il ne faut pas mettre les plats les uns dans les autres pour les lever plus facilement, particulièrement lorsqu'il y a encore de la viande dedans, et s'ils ne sont pas entièrement vuides. Il ne faut pas non plus mêler ensemble dans un plat ce qui pourroit rester dans plusieurs, afin de pouvoir les emporter tous à la fois : mais on doit lever les plats les uns après les autres, en sorte qu'on n'en emporte pas plus de deux en une fois.

Lorsqu'on dessert les plats de dessus la table, il faut toujours commencer par ceux qui sont devant la personne qui tient le premier rang dans la compagnie, et commencer aussi par elle à ôter l'assiette, qu'on doit changer aussitôt que les plats sont desservis.

Il ne faut pas desservir entièrement qu'après qu'on aura rendu grâces à Dieu. Et lorsqu'on dessert, il est à propos de mettre les couteaux, les fourchettes et les cuillers dans un panier, aussi bien que les morceaux de pain qui peuvent rester. C'est une chose honteuse de serrer alors de la viande, du vin et autre chose, pour les manger ou boire en cachette.

Il faut ôter le sel le dernier, et après avoir levé la nappe couvrir la table d'un tapis, à moins qu'on ne doive ôter la table en même temps.

Après qu'on aura tout desservi, on aura soin de balayer proprement les miettes et les autres choses qui seront tombées de la table. Il faudra ensuite accommoder le feu, si c'est en hiver, et se retirer en faisant la révérence.

Si on est chargé de tenir la chandelle pour conduire la compagnie, on ne la prendra pas toute seule, mais avec le chandelier, qu'on portera de la main droite en tenant son chapeau de la main gauche, et éclairer la compagnie en marchant le premier.

Il est très-incivil d'éteindre une chandelle en présence de la compagnie. La bienséance veut qu'on ne le fasse jamais en présence et à la vue des autres, et qu'on ait égard qu'elle ne fume pas.

Il est encore bien plus mal-honnête de moucher les chandelles avec les doigts. Il faut toujours le faire avec les mouchettes, en tirant le chandelier de dessus la table.

XVI

CONVERSATION *entre le poète Delille et l'abbé Cosson.*

[Année 1786.]

En avril 1786, le poète Delille dînant chez Marmontel, la conversation tomba sur les règles qu'observent à table les gens bien élevés. Elles sont innombrables, dit Delille, et tout l'esprit du monde ne suffirait pas pour faire deviner ces importantes vétilles. En voici la preuve :

Dernièrement, l'abbé Cosson, professeur de belles lettres au collége Mazarin, me parla d'un dîner où il s'étoit trouvé quelques jours auparavant avec des gens de la cour, des cordons-bleus, des maréchaux de France, chez l'abbé de Radonvilliers, à Versailles.

— Je parie, lui dis-je, que vous y avez fait cent incongruités.

— Comment donc? reprit vivement l'abbé Cos-

son, fort inquiet. Il me semble que j'ai fait la même
chose que tout le monde.

— Quelle présomption! Je gage que vous n'avez
rien fait comme personne. Mais voyons, je me bor-
nerai au dîner. Et d'abord que fîtes-vous de votre
serviette en vous mettant à table?

— De ma serviette? Je fis comme tout le monde;
je la déployai, je l'étendis sur moi et l'attachai par
un coin à ma boutonnière.

— Eh bien, mon cher, vous êtes le seul qui ayez
fait cela; on n'étale point sa serviette, on la laisse
sur ses genoux. Et comment fîtes-vous pour manger
votre soupe?

— Comme tout le monde, je pense. Je pris ma
cuiller d'une main et ma fourchette de l'autre...

— Votre fourchette, bon Dieu! Personne ne
prend de fourchette pour manger sa soupe. Mais
poursuivons. Après votre soupe, que mangeâtes-vous?

— Un œuf frais.

— Et que fîtes-vous de la coquille?

— Comme tout le monde, je la laissai au laquais
qui me servoit.

— Sans la casser?

— Sans la casser.

— Eh bien, mon cher, on ne mange jamais un
œuf sans briser la coquille. Et après votre œuf?

— Je demandai du bouilli.

— Du bouilli! Personne ne se sert de cette
expression; on demande du bœuf, et point de
bouilli. Et après cet aliment?

— Je priai l'abbé de Radonvilliers de m'envoyer
d'une très-belle volaille.

— Malheureux! de la volaille. On demande du poulet, du chapon, de la poularde; on ne parle de volaille qu'à la basse-cour. Mais vous ne dites rien de votre manière de demander à boire.

— J'ai, comme tout le monde, demandé du champagne, du bordeaux, aux personnes qui en avoient devant elles.

— Sachez donc qu'on demande du vin de Champagne, du vin de Bordeaux... Mais dites-moi quelque chose de la manière dont vous mangeâtes votre pain.

— Certainement à la manière de tout le monde : je le coupai proprement avec mon couteau.

— Eh! on rompt son pain, on ne le coupe pas... Avançons. Le café, comment le prîtes-vous?

— Eh! pour le coup, comme tout le monde; il était brûlant, je le versai par petites parties de ma tasse dans ma soucoupe.

— Eh bien, vous fîtes comme ne fit sûrement personne : tout le monde boit son café dans sa tasse, et jamais dans sa soucoupe. Vous voyez donc, mon cher Cosson, que vous n'avez pas dit un mot, pas fait un mouvement qui ne fût contre l'usage.

L'abbé Cosson était confondu. Pendant six semaines, il s'informoit à toutes les personnes qu'il rencontroit de quelques-uns des usages sur lesquels je l'avois critiqué.

XVII

Extrait de *La civilité républicaine* [1],

Par Chemin-Dupontès [1],

[Année 1798.]

De la manière de se comporter à table.

1. Étant assis à table, tiens le corps droit sur ton siège, sans t'appuyer ni t'étendre d'une manière lâche et négligente. Ne mets pas les bras ni les mains sur la table, et prends garde de pousser avec le coude tes voisins. Il est toujours incivil de se gratter en compagnie, mais surtout à table. Il y a des gens qui ne cessent de regarder les viandes avec avidité, et qui semblent vouloir tout dévorer des yeux : éviter cette marque de gourmandise.

2. Ne tends pas précipitamment ton assiette pour être servi des premiers, mais attends ton tour, ou si l'on te présente un plat, ne prends point les morceaux les plus délicats, surtout quand il y a des personnes plus âgées ou des citoyennes à servir après toi.

3. Ne mange ni trop lentement, ni trop vite, et ne remplis pas ta bouche de trop gros morceaux qui t'empêcheraient de mâcher avec facilité.

4. Ne penche pas trop le corps sur ton assiette.

---

[1] *Civilité républicaine, contenant les principes de la bienséance puisés dans la morale, et autres instructions utiles à la jeunesse.* Nouvelle édition, revue, corrigée et augmentée. A Paris, chez l'auteur, au coin du pont Michel et de la rue Louis.

Baisse-toi seulement tant soit peu lorsque tu portes les choses liquides à ta bouche, et relève-toi aussitôt.

5. La bienséance demande que l'on coupe son pain avec son couteau, que l'on porte la viande à la bouche d'une seule main et avec la fourchette.

6. Il faut éviter de toucher à quelque chose de gras, à quelque sausse, etc., avec les doigts, parce que cela oblige d'essuyer fréquemment ses mains à sa serviette et par conséquent de la salir beaucoup, ou de les essuyer à son pain, ou de se lécher les doigts, toutes choses qui sont très-malpropres, quand on mange en société.

7. N'appuie pas ton pain sur l'assiette ou sur la table pour le couper, et ne mange pas la croûte séparément de la mie.

8. Tandis que tu es à table, mange bonnement et selon ton besoin. D'un autre côté, ne prends pas plus d'alimens qu'il ne t'en faut. La sobriété est un des meilleurs moyens de se bien porter.

9. Avant de boire, et après avoir bu, il faut toujours s'essuyer la bouche, et il ne faut pas trop remplir son verre, de peur de répandre.

10. Bois posément, et observe de ne pas boire quand tu as la bouche pleine. Il faut aussi prendre garde en buvant de ne pas faire de bruit avec le gosier, en sorte qu'un autre pourrait compter toutes les gorgées que tu avales.

Il y a encore beaucoup d'autres règles de détail qu'on peut apprendre aisément par l'usage, et en suivant l'exemple des personnes bien élevées.

TABLE ALPHABÉTIQUE

DES MATIÈRES

VI.

17

ADDITION

Ajouter, page 59 :

Aujourd'hui encore, l'Odéon, qui vient de reprendre *Le bourgeois gentilhomme,* met des fourchettes aux mains de M. Jourdain, de Dorimène et de Dorante. Celui-ci n'en dit pas moins à la belle : « Vous ne voyez pas que M. Jourdain mange tous les morceaux que vous avez touchés. » (Acte V, scène Ire.)

En outre, le sémillant Dorante et l'élégante

Dorimène, gens de cour, se sont présentés avec des gants aux mains, ce qui était le comble de l'inconvenance, même vis-à-vis d'un bourgeois tel que M. Jourdain. On traitait alors le gant à peu près comme on traite aujourd'hui le pardessus, que l'on quitte avant d'entrer. Mais je ne puis relever ici tous les anachronismes que commettent chaque jour ainsi nos théâtres.

PARIS. TYPOGRAPHIE DE E. PLON, NOURRIT ET Cⁱᵉ, RUE GARANCIÈRE, 8.

PARIS

TYPOGRAPHIE DE E. PLON, NOURRIT ET Cie

Rue Garancière, 8.